KB172482

The Greatest Salesman in the World

어느 날 부의 비밀이 내게로 왔다

위대한 상인의 비밀

The Greatest Salesman in the World

오그 만디노 지음 홍성태 옮김

월요일의꿈

사랑하는 두 아들, 준기와 선기를 위해
이 책을 번역하였다.

목

차

하피드는 청동거울 앞에 서서 거울에 비친 자신의 모습을 찬찬히 들여다보고 있었다.

"두 눈만이 젊음을 유지하고 있구나……."

그는 혼잣말을 중얼거리고는 돌아서서 넓은 대리석 마루를 가로질러 천천히 걸어갔다. 금과 은으로 화려하게 장식된 천장을 떠받치고 있는 검은색 줄마노 기둥 사이를 지나 늙은 몸을 이끌고 사이프러스 나무와 상아로 장식된 식탁 쪽으로 갔다.

소파와 의자의 등받이는 거북껍질 장식으로 은은한 빛을 띠고, 드문드문 박힌 보석들은 휘황하게 빛나며, 정성 들여 짠 비단이 윤기를 더하고 있었다. 요정의 샘 모양의 석고가 붙은 청동 화분에는 커다란 종려나무가 평화로이 자라고, 보석으로 장식된 화분 속의 꽃들은 서로 경쟁이나 하듯 눈길을 끌고 있었다. 하피드의 궁전을 방문하는 사람이면 누구나 그가 대단한 부자임을 알 수 있을 것이다.

하피드는 정원을 지나서 저택 뒤로 5백 보 정도 떨어진 그의 창고로 들어갔다. 집사인 에라스무스가 입구에서 의아한 표정으로 기다리고 있었다.

"어서 오십시오, 주인님."

하피드는 끄덕하고는 말이 없었다. 에라스무스는 뒤따르면서도, 주인이 이런 데서 만나자고 한 적이 한 번도 없었던 터라 걱정스런 표정을 숨길 수 없었다. 하치장 근처에서 잠시 멈춘 하피드는 짐마차로부터 옮겨져 각각의 창고에 분배되는 많은 물건들을 바라보았다.

거기에는 서아시아에서 가져온 양모, 양피지, 꿀, 양탄자, 오일 등과 국내에서 조달한 유리, 무화과, 호두, 향료들, 팔미라에서 가져온 옷감과 약초, 아라비아에서 가져온 생강, 계피, 보석들,

이집트에서 가져온 옥수수, 종이, 화강암, 석고, 현무암, 그리고 바빌론에서 가져온 비단, 로마에서 가져온 그림, 그리스의 동상 등이 있었다. 봉선화 향료의 냄새가 진동하였지만, 하피드의 예민한 코는 자두와 사과, 치즈, 생강의 냄새도 감지하고 있었다.

마침내 그는 에라스무스를 돌아보며 말을 건넸다.

"오랜 친구, 우리 금고에 재산이 얼마나 있을까?"

에라스무스는 놀라며 물었다.

"모두 말입니까, 주인님?"

"모두 다."

"자세히 계산해 보지 않았지만, 아마 7백만 달란트 이상일 거라 추정됩니다."

"그러면, 창고와 상점에 있는 모든 물건도 금으로 바꾼다면 얼마나 될까?"

"이번 분기의 재고목록이 아직 완전하지는 않습니다만, 적어도 3백만 달란트어치는 될 겁니다."

하피드는 고개를 끄덕이고는 말했다.

"더 이상의 물건은 구입하지 말게. 그리고 모든 재고를 금으로 바꿀 수 있는 계획을 즉시 세워보게."

에라스무스는 마치 뭔가에 한 방 맞은 것처럼 입을 벌린 채 아무 말도 하지 못했다. 잠시 후 그는 정신을 차리고 겨우 말을 이었다.

"저는 이해가 안 됩니다, 주인님. 우리는 올해에 돈을 제일 많이 벌었습니다. 우리의 모든 상점들은 작년에 비해 다들 더 많이 팔았다고 보고하고 있습니다. 심지어 로마군대까지도 우리의 단골이 되었고 예루살렘의 상점에서는 불과 2주 사이에 2백 마리의 아라비안 종마를 팔지 않았습니까? 주인님의 명령에 감히 질문을 다는 저의 무례함을 용서하십시오. 그러나 전 이해할 수가 없습니다……."

하피드는 웃으면서 에라스무스의 팔을 잡았다.

"믿음직스러운 나의 친구여. 자네가 나에게 고용되었을 때 받았던 첫 번째 명령을 기억하는가?"

에라스무스는 잠시 얼굴을 찡그렸으나 이내 밝아졌다.

"매년 우리 이익의 절반을 가난한 사람들에게 나누어주라는 것이었죠."

"그때도 자네는 나를 바보라 생각하지 않았는가?"

"죄송하지만 그랬습니다, 주인님."

하피드는 고개를 끄덕이고는 산더미 같은 물건들을 가리켰다.

"자, 지금도 자네가 쓸데없는 걱정을 하는 게 아니겠는가?"

"알겠습니다, 주인님."

"이제 내 계획을 설명해 줄 테니, 내 결정에 대해 믿음을 갖게 나. 나는 이제 늙었고 내 바람은 단순하네. 나와 행복을 나누던 사랑하는 아내도 내 곁을 떠났으니, 남은 소원이 있다면 내 모든 재산을 처분하여 이 도시의 가난한 사람들에게 나누어주는 것이 네. 나는 생을 큰 불편함 없이 마감할 수 있을 정도만 가지면 되 네. 재산을 처분하는 것과 더불어, 나의 상점을 관리하는 이들에 게 소유권을 양도할 수 있도록 서류를 준비하게나. 또한 현재의 관리인들에게 금화 5천 달란트를 지금까지 내게 바친 충성의 대 가로 나눠주게. 그 돈이면 자기들이 원하는 방식대로 각자의 상 점들을 채울 수 있을 게야."

에라스무스가 무슨 말을 하려 했지만 하피드는 손을 들어 그 를 막았다.

"이 과제가 자네에겐 별로 달갑지 않지?"

에라스무스는 머리를 가로저으며 애써 미소를 지어 보였다.

"아닙니다, 주인님. 단지 주인님의 뜻을 이해할 수 없을 뿐입니다. 마치 삶이 얼마 남지 않은 사람처럼 말씀하시는군요."

"에라스무스, 자네는 늘 자네 자신보다도 나를 걱정해 왔지.
자네는 우리가 사업을 거두고 난 뒤의 자신의 미래는 생각해 보
지 않는가?"

"오랜 세월 동안 주인님은 저를 동료처럼 대해주셨습니다. 그
런데 지금 제가 어떻게 저의 일만 생각할 수 있겠습니까?"

하피드는 그의 오랜 친구를 포옹하고는 대답했다.

"이제 그러지 않아도 되네. 지금 즉시 금화 5만 달란트를 자네
앞으로 해놓게. 다만, 나의 아주 오래전 맹세가 이루어지는 날까
지는 자네가 나와 함께해 주길 바라네. 그 맹세를 이루면 나는
이 궁전과 창고도 자네에게 넘겨줄 것이야. 죽은 아내에게 갈 준
비를 해야지."

에라스무스는 귀를 의심하며 주인을 쳐다보았다.

"5만 달란트, 궁전에 창고까지…… 저는 그런 것들을 받을 자
격이 없습니다."

하피드는 고개를 좌우로 저었다.

"나는 오래전부터 자네의 우정을 나의 가장 큰 자산으로 생각
하고 있었다네. 지금 내가 자네에게 주는 것은 자네의 변함없는

충성에 비하면 아무것도 아니야. 자네는 자네 자신을 위해서가 아니라 다른 사람을 위해 사는 법을 터득했지. 그러한 배려 때문에 나는 자네가 사나이 중의 사나이라는 인상을 받게 되었네. 자, 나의 계획을 서둘러 실행해 주게나. 시간은 우리의 가장 귀중한 자산이고, 내 삶의 모래시계는 거의 다 채워졌다네."

에라스무스는 눈물을 감추며 목멘 목소리로 물었다.

"그렇다면 아직 이루지 못한 주인님의 맹세는 무엇입니까? 우리는 형제처럼 지내 왔지만 그런 것에 대해서는 한 번도 들은 적이 없습니다."

하피드는 팔짱을 끼면서 미소 지어 보였다.

"오늘 내가 지시한 것을 다 이행하거든 다시 만나 얘기하세. 그러면 나의 사랑스런 아내, 리샤를 제외하고는 30년 동안 아무에게도 말하지 않은 비밀을 말해 주겠네."

제
2
장

　하피드 상점의 관리인들에게 줄 소유권 증서와 금을 실은 낙타의 행렬이 삼엄한 경비 속에 다마스쿠스를 출발하였다. 요파에 있는 오벳에게서부터 시작해 페트라에 있는 르우엘까지 열명의 관리인들은 하피드의 은퇴 선언과 그의 선물을 넋이 나간 채 말없이 받아들였다. 안티파트리스에 있는 상점에서 이 행렬의 임무는 마침내 끝이 났다.

　이로써 당시에 가장 강대했던 상업왕국은 사라지고 말았다. 슬픔으로 가득 찬 에라스무스는 그의 주인에게 창고가 텅 비었고 상점들에는 더이상 자랑스런 하피드의 깃발이 나부끼지 않는다고 전했다. 그의 주인은 즉시 기둥으로 둘러싸인 분수대 근처에서 만나자고 에라스무스에게 청했다.

하피드는 친구의 얼굴을 들여다보면서 말했다.

"완수했는가?"

"예."

"슬퍼하지 말게, 선한 친구여. 그럼 이제 나를 따라오게나."

에라스무스가 하피드를 따라 뒷마당에 있는 대리석 계단으로 향할 때, 커다란 궁전 안에는 그들의 샌들 소리만이 메아리치고 있었다. 하피드는 커다란 시트러스 나무를 받치고 있는 장엄한 형석 화분 옆에서 잠깐 걸음을 멈추고 노을 진 하늘을 바라보았다. 그의 늙은 얼굴은 평안한 미소를 머금고 있었다.

두 노인은 궁전의 돔 지붕으로 향하는 내부계단을 오르기 시작했다. 계단 밑에 서 있곤 하던 무장 경비들이 이제는 보이지 않았다. 그들은 1층 계단 끝까지 힘겹게 올라간 후 잠시 숨을 골랐다. 그리고 다시 위층으로 향하는 계단을 올라가기 시작했다.

하피드는 허리춤에서 작은 열쇠를 꺼냈다. 그가 무거운 참나무 문의 열쇠를 열고 몸을 기대자 삐거덕 문이 열렸다. 에라스무스는 그의 주인이 안으로 들어오라고 손짓할 때까지 주저하고 있었다. 한 번 더 손짓을 하자 그는 30년 동안 아무도 들어갈 수 없었던 곳으로 겁을 먹은 채 들어갔다.

뿌연 회색의 빛이 높은 천장의 작은 창틀로부터 스며들어 왔다. 에라스무스는 눈이 어둠에 익숙해질 때까지 하피드의 팔을 잡고 있다가 한쪽 구석에서 한 줄기 빛을 받고 있는 편백나무 궤짝 외에는 아무것도 없는 방을 둘러보았다.

"실망하지 않았나, 에라스무스?"

"무슨 말씀이십니까, 주인님?"

"가구라고는 아무것도 없어 실망하지 않았느냐는 말일세. 이 방의 비밀이 많은 사람들에게 화젯거리였다고 들었네. 내가 그렇게 오랫동안 엄하게 경비하고 보호했던 이곳이 자네는 한 번도 궁금하지 않았는가?"

에라스무스는 고개를 끄덕였다.

"사실입니다. 우리의 주인님이 이 탑 속에 숨겨 놓은 것이 도대체 무엇인지 오랜 세월 동안 각종 풍문이 나돌았습니다."

"그래. 나도 그 소문들을 대부분 들었네. 혹자는 다이아몬드가 있다고 하고 혹은 금괴, 혹은 야생동물, 혹은 희귀한 새가 있다고들 하더군. 한번은 페르시아 양탄자 상인이 아마 여기에 작은 비밀의 방이 있을지 모른다고 했다는군. 내 아내는 첩을 모으는 모양이라고 놀려댔지. 그러나 자네가 보다시피 작은 궤짝 외에는 아무것도 없지 않은가. 자, 이리로 와 보게."

두 사람은 궤짝 옆에 몸을 웅크렸다. 하피드는 천천히 다가가 궤짝에 묶인 가죽끈을 풀었다. 그는 궤짝으로부터 스며 나오는 편백나무 향기를 깊이 들이마시더니 마침내 궤짝을 열었다. 에라스무스는 몸을 앞으로 기대어 하피드의 어깨 너머로 궤짝 속을 들여다보았다. 그는 당황하여 머리를 저으며 하피드를 쳐다보았다. 궤짝 속에는 두루마리, 가죽 두루마리들 외에는 아무것도 없었다.

하피드는 안으로 손을 뻗어 그중 하나를 조심스레 꺼냈다. 그는 잠시 그것을 가슴에 안고는 눈을 감았다. 조용한 평화가 주름살 가득한 그의 얼굴을 감싸고 돌았다. 그는 살며시 일어나 궤짝을 가리키며 말했다.

"다이아몬드의 광채로 이 방이 가득 찬다고 해도 지금 이 작은 나무 궤짝 속에서 자네가 보고 있는 것들의 가치보다 크지는 못할 걸세. 내가 누렸던 성공, 행복, 사랑, 마음의 평화, 그리고 부귀는 모두 다 몇 안 되는 이 두루마리 안에 담긴 것들 덕일세. 나무 궤짝과 그것을 나에게 넘겨준 현인에 대한 빚은 절대 갚을 수 없는 것이라네."

하피드의 격앙된 목소리에 놀라 에라스무스는 뒤로 물러나며 물었다.

"이것이 주인님이 말씀하시던 비밀입니까? 그리고 이 나무 궤짝이 주인님이 지켜야 한다던 그 맹세와 관련이 있습니까?"

"그렇다네."

에라스무스는 이마에 흐르는 땀을 닦으며 믿을 수 없다는 듯이 하피드를 쳐다보았다.

"이 두루마리에 무엇이 씌어 있기에 다이아몬드보다 더 값지다는 말씀입니까?"

"이 두루마리 중 하나를 빼고는, 읽는 사람이 그 뜻을 이해하기 쉽도록 독특한 방식으로 세일즈, 그러니까 장사의 원리와 법칙, 그리고 근본적인 진실을 잘 설명해 주고 있다네. 장사의 원리를 완벽하게 터득하기 위해서는 반드시 각 두루마리의 비밀을 익히고 연습해야만 하네. 이 원칙들을 다 터득한다면 원하는 모든 부를 가질 수 있는 능력을 얻게 되지."

에라스무스는 놀라며 낡은 두루마리를 쳐다보았다.

"주인님만큼 부자로 말입니까?"

"원한다면 더 큰 부자도 될 수 있지."

"이 두루마리 중 하나를 제외하고는 모두 장사의 원칙들이 담겨 있다고 말씀하셨는데, 그렇다면 마지막 두루마리에는 무엇이 쓰여 있습니까?"

"자네가 마지막 두루마리라고 말하는 것은 사실 제일 먼저 읽어야 할 두루마리라네. 왜냐하면 각 두루마리들은 특별한 방식으로 연결되어 있거든. 그 첫 번째 두루마리에는 역사상 유명한 몇 안 되는 현자들에게 주어졌던 성공의 비밀들이 담겨 있다네. 사실 첫 번째 두루마리는 나머지 두루마리에 쓰인 것들을 배우기 위한 효과적인 방법을 가르쳐 주고 있지."

"누구라도 터득할 수 있는 것처럼 들리는군요."

"그래 맞아. 각 원칙이 그 사람의 삶에 있어 습관이 되고, 성격의 일부가 될 때까지 시간과 정성을 들이기만 한다면 매우 단순한 것들이지."

에라스무스는 궤짝으로 다가가 두루마리 하나를 집어 들고 조심스레 하피드에게 내밀었다.

"주인님, 저의 무례함을 용서하십시오. 그런데 주인님은 왜 이 원칙들을 다른 사람들에게 나누어주지 않으셨습니까? 특히 주인님을 위해 그렇게 오랫동안 일해 왔던 사람들에게까지도요. 주인님은 항상 저희에게 아량을 베풀어 주셨습니다. 그런데 주인님을 위해 물건을 파는 사람들이 이 지혜의 말들을 읽고 더 부자가 되도록 기회를 주지 않은 이유는 무엇입니까? 그런 가치 있는 지식을 가지고 있었다면 모두 지금보다 더 좋은 상인이 될 수 있었을 겁니다. 왜 그렇게 오랫동안 주인님 자신만을 위해 그 원칙들을 감추어 오신 겁니까?"

"선택의 여지가 없었네. 오래전 이 두루마리가 내 손에 넘겨졌을 때, 단 한 사람에게만 이 내용을 전해주기로 맹세하게 되었네. 솔직히 그런 이상한 요구 뒤에 숨어 있는 뜻을 나도 잘 모르겠어. 다만 이 두루마리에 실린 내용이 더 도움이 되고 더 많은 지침이 될 사람이 나타날 때까지 나의 삶에 이 두루마리의 원칙들을 적용하고 살라는 계시를 따랐을 뿐이지. 그 계시와 함께 내가 어떤 암시를 통해서 이 두루마리를 넘겨줄 사람을 알아채게 된다는 말씀도 있었네. 비록 그 사람은 이 두루마리에 대해 알지 못하겠지만……

나는 오랫동안 기다려 왔다네. 그리고 기다리면서 이 원칙들을 적용해 왔지. 그 속에 담긴 지식으로 나는 소위 사람들이 말하는 세상에서 가장 위대한 상인이 되었네, 이것을 내게 전해 준 분도 당대에 가장 위대한 상인이었듯이. 자, 에라스무스. 자네에게는 이상하고 말도 안 되는 것 같았던 나의 행동들을 이제 조금은 이해해 줄 것으로 믿네. 어쨌든 그 이상한 행동들로 성공을 이루지 않았는가. 나의 모든 행동과 결정은 항상 이 두루마리에 따른 것이었다네. 그러니까 내가 가진 이 모든 재산은 나의 지혜에서 나온 것이라고 볼 수 없지. 단지 두루마리가 시키는 대로 했을 뿐이라네."

"이렇게 오랜 세월이 흘렀는데도 주인님은 이 두루마리를 받을 사람이 나타날 것이라고 믿습니까?"

"그렇다네."

하피드는 조심스레 그 두루마리를 집어넣고 궤짝의 뚜껑을 닫았다. 그리고 조용히 말했다.

"에라스무스, 그날까지 나와 함께해 주겠는가?"

에라스무스는 엷은 빛 아래 손을 뻗어 하피드의 손을 잡았다. 그는 한 번 고개를 끄덕이고는 마치 그의 주인에게 말 없는 명령이라도 받은 것처럼 방에서 빠져나왔다. 하피드는 궤짝을 다시 가죽끈으로 묶은 후 방에서 나와 탑 바깥쪽에 붙은 커다란 돔 지붕에 둘러싸인 옥상으로 올라갔다.

동쪽에서 불어오는 바람이 호수와 사막의 냄새를 싣고 하피드의 얼굴을 스쳤다. 그는 다마스쿠스의 지붕에 올라서서 미소를 지으며 지난날의 추억 속으로 빠져들었다.

겨울이었다. 올리브 산의 냉기는 잔혹했다. 키드론 계곡의 좁은 골짜기를 지나 저 멀리 예루살렘으로부터 풍겨 온 향냄새와 제물 태우는 냄새가 산 위의 소나무 수지 냄새와 섞여서 코를 찌르고 있었다.

벳파게 마을에서 조금 떨어진 언덕 위에는 파미라의 대大상인, 파트로스 카라반의 거대한 행렬이 멈춰 있었다. 늦은 시간이어서 파트로스가 아끼는 종마조차 피스타치오 숲에서 풀 뜯기를 멈추고 월계수 밑으로 모여들었다.

쥐 죽은 듯 고요한 긴 천막의 행렬 저편에 서 있는 네 그루의 올리브 고목에는 굵은 밧줄이 둘러쳐 있었다. 그것은 서로의 몸에서 온기를 느끼기 위해 옹기종기 모여든 낙타와 나귀들을 가둬 놓는 우리였다. 짐마차 주위를 돌고 있는 두 명의 경비를 제외하면 움직이는 것이라고는 염소의 털로 만들어진 파트로스의 거대한 천막에 길게 드리워진 그림자뿐이었다.

안에서는 화가 난 파트로스가 왔다갔다하면서 천막 입구에 겁에 질린 채 무릎 꿇고 있는 젊은이를 향해 얼굴을 찡그리며 머리를 흔들고 있었다. 마침내 그는 아픈 몸을 금으로 짠 양탄자에 누이며 젊은이를 향해 가까이 오라고 손짓했다.

"하피드, 자네는 항상 나를 위해 열심히 일해 왔지. 그런데 자네의 이상한 요청에 나는 매우 당황스럽네. 자네의 일이 만족스럽지 못한가?"

젊은이의 눈은 양탄자에 고정되었다.

"아니요, 주인님."

"그럼 우리 카라반의 규모가 커져서 자네가 다루어야 할 낙타와 나귀의 수가 너무 많아진 것인가?"

"아닙니다, 주인님."

"그렇다면 자네의 요청을 다시 말해 보게나, 그 요청 뒤에 숨어 있는 이유까지 포함해서."

"저는 단지 낙타지기보다는 주인님의 상품을 파는 상인이 되고 싶습니다. 저는 짐마차에 주인님의 물건을 가득 싣고 출발하여, 돌아올 때는 주인님과 또한 그들 자신을 위해 금을 가지고 돌아오는 하다드, 시몬, 갈렙과 같은 상인이 되고 싶습니다. 저는 삶에 있어 저의 지위를 올리고 싶습니다. 낙타지기로서의 저는 아무것도 아닙니다. 그러나 주인님을 위한 상인이라면 부와 성공을 얻을 수 있을 것 같습니다."

"자네가 그것을 어떻게 아는가?"

"가난으로부터 벗어나 대단한 재산을 모을 수 있는 기회를 얻을 수 있는 직업으로 상인보다 더 좋은 것은 없다고 주인님이 여러 번 말씀하시지 않았습니까?"

파트로스는 고개를 끄덕이고는 질문을 던졌다.

"자네가 정말로 하다드나 다른 상인들처럼 해낼 수 있다고 생각하는가?"

하피드는 파트로스를 의식적으로 쳐다보며 대답했다.

"저는 갈렙이 물건을 많이 팔지 못한 이유를 운이 없는 것으로 돌릴 때 주인님께서 누구든지 장사의 원리를 배우고 적용한다면 짧은 시간 내에 많은 물건을 팔 수 있다고 말씀하시는 것을 여러 번 들었습니다. 만일 모두가 바보라고 부르는 갈렙조차 그 원리들을 배울 수 있다면, 저라고 왜 못하겠습니까?"

"그래, 만일 자네가 그 원리를 터득한다면, 자네의 인생에 있어 목표는 무엇이 될까?"

하피드는 주저하다가 말했다.

"주인님이 대상인이라는 것은 누구나 알고 있습니다. 이 세상에 주인님이 세운 것만큼 큰 상업 왕국은 존재하지 않습니다. 그러나 저의 야망은 주인님보다 더 큰 상인, 더 큰 부자가 되어 전 세계에서 가장 위대한 상인이 되는 것입니다!"

파트로스는 뒤로 기대어 젊은이의 거무스름한 얼굴을 찬찬히 뜯어보았다. 그의 옷은 낙타 냄새를 풍기고 있었으나, 그의 언행에서는 조금도 비굴한 점을 찾아볼 수 없었다.

"그러면 자네는 그 많은 재산과 그에 수반되는 엄청난 권력을 어디에 쓰겠는가?"

"저는 주인님처럼 할 것입니다. 저의 가족들에게 세상에서 가장 좋은 물건을 제공하고, 나머지는 가난한 사람들에게 나누어

주겠습니다."

파트로스는 머리를 가로저었다.

"이 사람아, 삶의 목표가 재물이 되어서는 안 되네. 자네의 말은 거창하나 그것은 단지 말일 뿐이야. 진정한 부는 마음에 쌓이는 것이지 지갑에 모이는 게 아닐세."

하피드는 반박했다.

"그럼 주인님은 부자가 아닌가요?"

노인은 하피드의 대담함에 미소를 지었다.

"하피드, 물질적인 부로 말하자면 나와 궁전 밖에 사는 거지와의 차이는 단 하나뿐일세. 그 거지는 단지 다음 끼니를 걱정하고, 나는 내 삶의 마지막 끼니를 걱정한다는 점이지. 이 사람아, 부를 좇지 말고 부자가 될 목적으로 일하지 말게나. 그 대신 행복을 위해 힘쓰고 사랑받기 위해, 사랑하기 위해 노력하게. 그리고 무엇보다 중요한 것은 마음의 평온을 얻는 일이라네."

하피드는 계속 반박했다.

"그러나 그런 것들은 재물이 없이는 불가능한 것입니다. 누가 가난하면서도 마음의 평화를 얻을 수 있겠습니까? 어떻게 허기진 배를 가지고 행복할 수 있습니까? 가족들에게 입을 옷과 먹을 음식, 잘 집을 제공하지 못하면서 어떻게 사랑을 보여준다고 하겠습니까? 주인님이 말씀하시듯이 부는 그것이 다른 사람에게 기쁨을 줄 수 있을 때 좋은 것입니다. 그렇다면 부자가 되겠다는 저의 야망이 왜 나쁜 것입니까? 가난은 사막에 있는 수도승에게나 명예가 되고 생활방식이 될 수 있습니다. 왜냐하면 그는 단지 그 자신만을 부양하고 그의 신만 기쁘게 하면 되기 때문입니다. 그러나 저에게 가난이라는 것은 능력이나 야망의 부족을 의미할 뿐입니다. 저는 능력이나 야망이 부족하다고 생각지 않습니다."

파트로스는 이마를 찡그리며 물었다.

"무엇이 자네 야망을 갑작스레 불러일으켰는가? 자네는 가족을 부양하는 것에 대해 말하지만, 자네 부모는 전염병으로 모두 죽고 가족이 없지 않은가?"

하피드의 검게 탄 피부도 그의 볼이 빨개지는 것을 감출 수는 없었다.

"여기에 오기 전 헤브론에 머물 때 갈네의 딸을 만났습니다. 그녀는…… 그녀는……."

"오호, 이제야 진실이 나오는군. 숭고한 생각이 아니라 사랑이 우리 낙타지기 청년을 세상과 싸울 준비를 마친 용감한 투사로 만들었군. 갈네는 매우 부자지. 그의 딸과 낙타지기라? 절대 안 되지. 그러나 그의 딸과 부자이면서 젊고 잘생긴 상인이라면…… 그렇다면 문제가 다르지. 좋아, 젊은 투사여, 상인으로서 경력을 쌓을 수 있도록 내가 도와주지."

젊은이는 무릎을 꿇고 파트로스의 옷을 움켜잡았다.

"주인님, 주인님. 어떻게 이 고마움을 다 표현할 수 있을까요?"

파트로스는 하피드를 떼어놓고 뒤로 물러났다.

"자, 감사하는 마음은 잠시 미뤄 두게. 내가 자네에게 무슨 도움을 주든지 그것은 자네 스스로 움직여야 할 산에 비하면 모래알에 불과하다네."

하피드는 즉시 기쁨을 가라앉히고 다시 물었다.

"저를 대상인으로 변화시킬 원리와 법칙을 가르쳐 주시는 게 아닙니까?"

"그러진 않을 걸세. 나는 자네를 양아들처럼 키웠지만, 어릴 때부터 그냥 자라도록 내버려두었지. 그러나 포부의 불꽃이 마음속에 살아 있다면 언젠가는 반드시 드러날 것이라고 믿었다네. 그 불꽃이 지펴지는 때가 되면 비로소 어려운 역경들을 견뎌

낼 남자의 자격을 갖추게 되는 거지. 오늘 자네의 청은 나를 기쁘게 했네. 왜냐하면, 자네의 눈에는 야망의 불꽃이 이글거리고 자네의 얼굴은 불타는 열정으로 빛나기 때문이지. 좋은 일이고, 내 판단이 옳았다는 것을 입증한 셈이야. 그러나 자네의 말이 공허한 서약이 아니라는 것을 스스로 증명해 보여야 하네."

하피드는 침묵하였고, 늙은 주인은 계속 말을 이었다.

"우선 자네가 나에게 그리고 자네 자신에게 증명해 보여야 할 것은 자네가 상인의 삶을 견딜 수 있는가 하는 점일세. 자네가 택한 길은 그리 순탄한 것이 아니기 때문이지. '성공의 보상은 대단한 것이다. 그러나 소수만이 성공할 수 있기에 그 보상이 큰 것이다'라는 나의 말을 자네는 수없이 들어왔을 걸세. 많은 사람들이 성공에 필요한 모든 도구를 이미 갖고 있음을 깨닫지 못한 채 좌절하여 실패에 굴복하고 말지. 각 장애물이 친구이며 자기편임에도 불구하고, 사람들은 장애물을 두려움과 의심으로 대하고 적으로 생각한다네. 장애물은 다른 직업에서도 마찬가지겠지만, 특히 세일즈에 있어서는 성공의 필수조건이지. 왜냐하면 성공은 수없이 많은 투쟁과 패배 후에 오는 것이기 때문이야. 각각의 투쟁과 패배는 자네의 기술을 예리하게 다듬고 자네의 용기와 인내, 능력, 나아가 자네의 신념을 강건하게 해줄 것이네. 그렇게 되면 각 장애물은 자네가 더 훌륭한 상인이 될 수 있도록 해주는 동지가 되는 셈이지……. 아니면 아예 포기하도록 하는 동지이거나. 매번 좌절을 겪을 때마다 앞으로 나갈 수 있는 기회를 얻는 것이라네. 좌절을 회피하면 장래를 포기하는 것과 다름없어."

하피드는 고개를 끄덕이며 말을 하려고 했다. 그러나 파트로스가 손을 들어 막고는 계속 말했다.

"게다가 자네는 세상에서 가장 외로운 직업을 택한 것이네. 저 업신여김을 당하는 세리들도 해가 지면 집으로 돌아가고, 로마의 군인도 집이라 부르는 막사가 있지. 하지만 자네는 친구나 사랑하는 사람들과 떨어져 지는 해를 홀로 바라보아야 하네. 어둠 속에서 낯선 집을 지나거나 식구들이 호롱불 밑에 모여 앉아 단란하게 저녁 식사하는 모습을 보는 것보다 더한 외로움은 없지.

자네가 시험을 받는 때는 바로 이런 외로움의 순간이야. 이런 시험을 어떻게 극복하느냐가 자네의 경력에 커다란 영향을 미치게 되네. 자네가 낙타만 데리고 노상에 있게 될 때는 낯설고 섬뜩한 느낌을 받게 되지. 그래서 상인으로서의 목표나 가치는 잊어버리고, 아이처럼 안전과 사랑을 갈구하게 되지. 훌륭한 상술과 가능성을 가졌다고 생각되던 사람이 도중에 낙오하는 경우는 얼마든지 있다네. 게다가 아무것도 팔지 못했을 때 자네를 위로해 주거나 기분을 전환시켜 줄 사람은 아무도 없어. 단지, 자네 지갑에서 돈을 뺏을 궁리만 하는 사람들이 있을 뿐이네."

"주인님의 말씀을 명심하겠습니다."

"자, 시작하지. 이제 더 이상의 조언은 필요 없어. 자넨 지금 덜 익은 퍼런 배처럼 내 앞에 서 있다네. 그 배가 달게 익을 때까지는 배라고 부를 수도 없지. 마찬가지로 자네는 지식과 경험을 충분히 쌓을 때까지 상인이라 불릴 수 없네."

"그럼 어떻게 시작하면 되겠습니까?"

"아침이 되면 실비오에게 부탁하겠네. 그는 자네 몫으로 이음새가 없는 가장 좋은 옷을 내어 줄 걸세. 그 옷은 염소의 털로 짠 것이라 폭우에도 견딜 수 있고, 꼭두서니 뿌리로 붉게 염색되어 그 색깔이 오랫동안 유지될 것이네. 옷단 안쪽에 수놓은 작은 별이 세상에서 가장 좋은 옷을 만드는 톨라라는 생산조합의 상표이지. 별 옆에 수놓은 네모 속의 원은 나의 상표인데 이 두 상표가 전국에서 가장 인정받는 품질로 유명하지. 우리는 그 옷을 셀 수 없이 많이 팔았고, 나와 오랫동안 거래한 유대인들은 그 옷을 아베야라고 부르더군.

옷을 나귀에 싣고서 새벽에 베들레헴으로 가게. 그 마을은 우리가 여기 도착하기 전에 지났던 마을이야. 우리 상인들은 아무도 거길 방문하지 않는다네. 마을 사람들이 워낙 가난해서 거기서 물건을 파는 것은 시간 낭비라고 생각하기 때문이지. 그러나 수년 전 나는 그 마을에서 양치기들에게 수백 벌의 옷을 팔았다네. 자네가 가져간 옷을 팔 때까지 베들레헴에 머물도록 하게."

하피드는 흥분을 감추지 못한 채 고개를 끄덕였다.

"그 옷을 얼마에 팔아야 하죠?"

"내 장부에다 자네 이름으로 은화 1데나리온을 적어 놓을 걸세. 자네가 돌아오면 나에게 1데나리온을 갚아야 하네. 그러니 그 이상의 값을 받으면 되겠지. 옷의 가격은 자네 스스로 결정하도록 하게나. 마을의 남쪽 입구에 있는 시장에 가봐도 좋고, 아니면 마을의 집들을 방문해도 좋을 거야. 그 마을에 적어도 천 명은 살고 있을 테니, 거기서 옷 한 벌 파는 건 가능하지 않겠는가? 그렇게 생각하지 않는가?"

하피드는 다시 고개를 끄덕였다. 그의 마음은 벌써 베들레헴으로 향하고 있었다. 파트로스는 젊은이의 어깨를 부드럽게 잡았다.

"자네가 돌아올 때까지 자네의 자리를 다른 사람으로 채우진 않을 걸세. 자네가 장사에 소질이 없다는 걸 알게 되더라도 나는 이해할 것이니, 자네 자신을 비하하거나 나쁘게 생각하지 말게. 노력했는데도 실패하는 것에 대해 부끄러워하지 말게. 실패해 보지 않았다는 것은 노력해 보지도 않았다는 말과 같으니까. 자네가 돌아오면 난 자네가 경험한 것들에 대해 자세히 물어볼 것이네. 그러고 나서 자네의 기막힌 꿈을 실현할 수 있도록 어떻게 도울 것인지 결정하겠네."

하피드는 허리를 굽혀 인사하고, 몸을 일으켰다. 그러나 노인의 말은 끝나지 않았다.

"하피드, 새로운 삶을 시작함과 동시에 꼭 기억해야 할 교훈이 있네. 이 말을 항상 마음에 새기면, 야망을 가진 모든 사람이 그러했듯이, 분명히 부딪치게 될 불가능해 보이는 장애물을 극복할 수 있을 것이네."

하피드가 말했다.

"그 교훈이 무엇입니까?"

"성공하겠다는 의지가 충만하다면, 실패가 결코 자네를 굴복시킬 수 없다는 것이지."

파트로스는 젊은이에게 다가갔다.

"나의 말을 완전히 이해했는가?"

"예, 주인님."

"그럼, 한 번 되뇌어 보게."

"성공하겠다는 의지가 충만하다면, 실패가 결코 나를 굴복시킬 수 없다."

하피드는 먹다 만 빵 조각을 밀쳐두고 그의 불행한 운명을 한탄했다. 내일로 베들레헴에 온 지 나흘째가 된다. 그런데 그토록 자신에 차서 가져온 붉은 옷 한 벌은 여전히 나귀 등에 실린 그의 보따리 속에 있었다. 그에게는 식당의 시끄러운 소리도 들리지 않았다. 다만, 처음 시작하는 상인을 괴롭히는 의심들만이 하나둘씩 머리에 떠올랐다.

'왜 사람들은 내 말을 듣지 않지? 어떻게 하면 그들의 관심을 끌 수 있을까? 그들은 왜 내가 다섯 마디도 하기 전에 문을 닫아

버릴까? 왜 나의 말에 흥미를 잃고 달아나 버릴까? 이 마을의 모든 사람들이 다 가난한 것인가? 옷은 마음에 들지만 돈이 없다고 말하는 이들에게 나는 어떻게 해야 하나? 닫힌 문을 바라볼 때 밀려오는 두려움은 무엇이고, 어떻게 그것을 극복해야 할까? 내가 정한 가격이 적당하지 않은 걸까?'

그는 실패에 진저리가 나서 머리를 가로저었다.

'아마도 이것은 내 삶의 길이 아닌가 보다. 아마도 나는 낙타 지기로 지내며 하루 일당인 동전 몇 닢에 만족해야 하는 사람인지도 모른다. 만일 내가 얼마만큼의 이익이라도 가지고 돌아간다면 나는 상인으로서 정말 운이 좋을 것이다. 파트로스는 나를 무어라 불렀던가? 어린 투사?'

그는 잠시 동안 나귀를 데리고 어서 집으로 돌아가고 싶다고 생각했다.

그때 리샤와 그의 엄격한 아버지 갈네가 떠올랐다. 의심들이 순식간에 그에게서 떠나갔다. 오늘밤은 돈을 절약하기 위해 산에서 잠을 자고 내일 그 옷을 팔겠다고 마음먹었다. 게다가 그는 유창한 말솜씨를 가지고 있으니 좋은 값을 받을 수 있을 것이다. 동이 트자마자 재빨리 일어나 마을의 우물 근처에 자리를 잡고 다가오는 모든 사람들에게 말을 걸어 짧은 시간 안에 돈주머니를 채우고 올리브 산으로 돌아가겠다고 다짐했다.

그는 남은 빵을 먹으면서 그의 주인을 생각했다.

'파트로스는 나를 자랑스러워할 것이다. 왜냐하면 내가 절망한 실패자로 돌아온 것이 아니기 때문이다. 사실 옷 한 벌 파는 데 나흘이 걸린다는 것은 조금 길기는 하다. 그러나 돌아가기만 한다면 파트로스에게 사흘 또는 이틀 안에 파는 방법을 배울 수 있을 것이다. 그렇게 되면 매우 능통해져서 매 시간 많은 옷을 팔 수 있을 것이고 그러면 정말로 훌륭한 상인이 될 수 있을 것이다.'

그는 시끄러운 여인숙을 떠나 나귀가 있는 마구간으로 향했다. 서리가 내려앉은 잔디에서는 걸을 때마다 바삭바삭 소리가 났다. 하피드는 오늘은 산에서 자지 않고 말과 함께 마구간에서 지내기로 마음을 고쳐먹었다.

다른 상인들은 이 가난한 마을을 그냥 지나치지만 그는 내일은 팔 수 있을 것이라고 생각했다. 그들은 여기서는 아무것도 팔 수 없다고 말한다. 그 역시 사람들이 옷 사는 것을 거절할 때마다 그들의 말이 떠올랐다. 그러나 파트로스는 수년 전에 바로 이 마을에서 수백 벌의 옷을 팔았다. 그때와 지금은 다르지만, 역시 파트로스는 훌륭한 상인이다.

마구간 안에 불빛이 깜박거리고 있어 도둑이 들지 않나 걱정하면서 발길을 재촉했다. 그는 도둑을 물리치고 물건을 되찾을 생각에 마구간으로 뛰어들어갔다. 그러나 눈앞의 광경에 그만 맥이 풀리고 말았다.

마구간 벽의 갈라진 틈에 끼워둔 조그만 촛불 아래 턱수염이 더부룩한 남자와 젊은 여인이 서로 몸을 의지하며 떨고 있었다. 그들의 발치에 놓인 움푹 팬 여물통 안에는 아기가 자고 있었다. 하피드는 그런 일은 잘 모르지만, 쭈글거리는 진홍빛 피부로 보아 막 태어난 아기임을 알 수 있었다. 추위로부터 잠든 아기를 보호하기 위해 그들은 자신들의 옷으로 아기를 덮어주고 있었다.

여인이 아이에게로 더 다가앉는 동안, 옆에 앉은 남자는 하피드를 향해 고개를 끄덕하며 인사했다. 아무도 말이 없었다. 그때 여인은 추위로 몸을 떨었고 하피드는 그녀의 얇은 옷이 마구간의 냉기로부터 아무런 보호막도 되지 못함을 알았다. 하피드는 다시 아기를 바라보았다. 조그만 입을 열었다 오므렸다 하면서 마치 웃고 있는 것 같은 모습에 매혹당한 듯한 이상한 감정에 사로잡혔다. 무슨 이유인지 몰라도 문득 리샤가 떠올랐다. 여인이 추위로 다시 몸을 떨었고 그녀의 갑작스러운 움직임 때문에 하피드는 정신이 들었다.

하피드는 괴로운 마음으로 망설이다가 그의 나귀에게 다가갔다. 조심스레 끈을 풀어 보따리를 열고는 옷을 꺼내 들었다. 그는 옷을 펼쳐 한번 쓰다듬어 보았다. 그 붉은 염색은 촛불에 비춰져 더욱 빛이 났고, 안쪽에는 톨라와 파트로스의 마크가 선명하게 새겨져 있었다. 네모 속의 원과 별. 지난 사흘 동안 이 옷을 팔아보자고 얼마나 많이 팔이 저리도록 들었다 놓았던가? 옷의 모든 무늬와 올들이 눈에 선했다. 정말 좋은 옷이다. 잘만 다루면 평생 입을 수 있을 것이다.

하피드는 눈을 감고 숨을 길게 내쉬었다. 그리고 빠른 걸음으로 그 초라한 가족에게 다가가 아기 옆의 짚더미에 꿇어앉아서는 조심스레 아기를 덮고 있던 부모의 누더기 옷을 벗겨 그들에게 돌려주었다. 둘 다 하피드의 갑작스런 행동에 매우 놀랐다. 하피드는 그의 소중한 붉은 옷을 펼쳐 자는 아기를 조심스럽게 감쌌다.

하피드가 나귀를 끌고 마구간을 나올 때까지도 뺨에는 아기

엄마의 입맞춤이 그대로 느껴지고 있었다. 밖으로 나오자 하피드의 머리 바로 위에는 이때까지 보지 못한 매우 밝은 별이 빛나고 있었다. 그는 두 눈에 눈물이 가득 찰 때까지 그것을 바라보다가, 예루살렘으로 돌아가는 길에 올랐다. 그리고 곧장 카라반이 있는 곳으로 향했다.

제 5 장

하피드는 천천히 나귀를 타고 돌아갔다. 머리를 숙이고 갔기 때문에 별빛이 그의 갈 길을 환히 비추고 있다는 걸 깨닫지 못했다.

'왜 그토록 멍청한 짓을 했던가? 마구간에 있던 사람들이 누구인지도 모르면서…… 왜 그들에게 옷을 팔아 볼 생각은 못한 것일까? 파트로스에게는 뭐라고 말하지? 그리고 다른 사람들에게는…… 그들은 내가 마구간의 낯선 아기에게 옷을 주었다고 하면 분명히 데굴데굴 구르면서 비웃을 텐데…….'

그는 파트로스를 속일 만한 이야깃거리를 생각해 보았다.

'식당에 있는 동안 누군가가 나귀 등에서 옷을 훔쳐갔다고 말할 수도 있을 것이다. 그럼 파트로스가 믿어줄까? 사실, 그곳에 도둑이 많기는 하다. 그렇지만 파트로스가 그 말을 믿는다 하더라도 부주의를 꾸짖을 것이다.'

하피드는 너무도 빨리 게드스만의 정원으로 향하는 길에 당도하고 말았다. 하는 수 없이 그는 나귀에서 내려 카라반으로 터벅터벅 걸어갔다. 그곳은 머리 위의 별빛 때문에 마치 대낮과 같이 밝았다. 천막 밖에서 하늘을 쳐다보고 있던 파트로스와 마주치자 하피드는 덜컥 겁이 났다. 하피드는 꼼짝 않고 서 있었지만, 파트로스는 금세 그를 알아보았다.

파트로스가 하피드에게로 다가가 외경심이 가득한 목소리로 물었다.

"베들레헴에서 곧바로 오는 길인가?"

"네, 주인님"

"별이 자네를 따라오고 있다는 것을 알지 못했나?"

"몰랐습니다. 주인님."

"몰랐다고? 두 시간 전에 베들레헴에서 떠오른 저 별을 보고 나는 한 걸음도 움직일 수 없었거늘……. 이때까지 저렇듯 영롱한 색깔과 밝은 빛을 지닌 별은 본 적이 없네. 저 별이 하늘을 가로질러 움직이더니 우리 카라반으로 다가오더군. 그러다가 자네가 나타나고는, 여기서 더이상 움직이질 않고 있다네."

파트로스는 하피드에게 다가가서 그의 얼굴을 유심히 쳐다보았다.

"베들레헴에 있는 동안 별일은 없었는가?"

"없었습니다."

파트로스는 깊은 생각을 하는 사람처럼 이마를 찡그렸다.

"난 오늘과 같은 밤을 본 적이 없다네."

하피드는 움찔하며 말했다.

"저 역시 잊지 못할 밤입니다."

"오호, 그럼 오늘밤에 정말 무슨 일이 일어난 게로군. 무엇 때문에 이렇게 늦은 시간에 돌아왔는가?"

하피드가 말없이 서 있자 파트로스는 몸을 돌려 나귀에 매달려 있는 하피드의 보따리를 찔러보았다.

"비었군. 성공하였어. 자, 나의 천막으로 가서 자네가 겪은 일을 말해주게. 신께서 밤을 낮으로 바꿔 놓으시는 바람에 난 잠을 잘 수가 없네. 자네의 말을 들어보면 저 별이 왜 낙타지기 청년을 따르는지 알아낼 수 있겠지."

파트로스는 침대에 몸을 기댄 채 눈을 감고는, 하피드가 베들레헴에서 겪었던 끝없는 거절과 좌절, 모욕적인 일들에 대해 귀를 기울였다. 도자기 상인이 그의 가게에서 하피드를 내동댕이쳤다는 말에 고개를 끄덕였고, 가격을 깎아줄 수 없다고 하자 옷을 하피드의 얼굴에 던져버린 로마 병사의 얘기에서는 미소를 지었다.

오늘 저녁 여인숙에서 떠올랐던 의혹들에 관한 이야기에 이르자 하피드의 목은 쉬고 그 소리는 점점 작아졌다. 그때 파트로스가 말을 가로챘다.

"하피드. 부끄러워 말고 자네 마음속에 떠올랐던 모든 의혹들을 얘기해 보게."

하피드가 그의 기억을 더듬어 죄다 말했을 때, 파트로스가 물었다.

"그런데, 무슨 생각이 떠올라 그런 의혹들을 모두 몰아내고 다음날 팔 수 있을 거라는 용기를 얻었단 말인가?"

하피드는 잠시 생각한 후에 말했다.

"전 단지 갈네의 딸만을 생각했습니다. 그런 상황에서도 저는 실패하면 그녀를 다시 볼 수 없을 거라는 생각밖에 하지 못했습니다."

"……하지만, 어쨌든 실패를 하고 말았지만요……."

하피드의 목이 갈라지며 겨우 소리가 새어 나왔다.

"자네가 실패를 했다고? 이해가 안 되는군. 자네의 보따리 속에는 옷이 없지 않은가?"

하피드의 목소리가 너무 작아 파트로스는 몸을 앞으로 숙여야만 했다. 하피드는 마구간에서의 사건과 아기, 그리고 옷에 대해 이야기를 했다. 하피드가 말을 하는 동안, 파트로스는 자꾸 천막 밖을 내다보았고, 별은 여전히 천막 주변을 비추고 있었다. 조용한 미소가 파트로스의 얼굴에 번져왔다. 파트로스는 이 젊은이가 이제는 이야기를 그만두고, 흐느껴 울고 있음을 알아채지 못했다.

곧 울음소리가 가라앉고 커다란 천막 안은 침묵만이 가득했다. 하피드는 감히 그의 주인을 쳐다볼 수가 없었다. 결국 그는 실패를 했고 낙타지기 말고는 아무것도 할 수 없다는 것이 입증되었기 때문이다. 그는 천막에서 도망가려 했다. 바로 그때, 파트로스가 하피드의 어깨를 잡고 자신의 눈을 바라보게 하였다.

"하피드. 이번 여행은 자네에게 별 이익을 남겨주지 못했구면."

"그렇습니다."

"그런데 내 생각은 그렇지 않아. 자네를 따르던 별은 내가 받아들이고 싶지 않았던 사실에 눈을 뜨게 해 주었네. 이 일에 대해서는 팔미라에 돌아가면 설명해 주도록 하지. 자, 자네에게 한 가지 부탁이 있네."

"네, 주인님."

"내일 해가 지기 전에 우리 상인들이 카라반으로 돌아오기 시작할 게야. 그러면 그들의 낙타를 자네가 돌봐야 할 텐데, 지금은 낙타지기로 다시 돌아가 자네의 임무를 수행해 주겠나?"

하피드는 공손히 일어나 인자한 주인에게 인사를 드렸다.

"저에게 시키시는 일은 무엇이든 할 겁니다……. 그리고 주인님을 실망시켜 드려 너무도 죄송합니다."

"돌아가서 상인들을 맞을 준비를 하도록 하게. 그리고 팔미라에 도착하거든 다시 보세."

하피드가 천막을 나서는 순간, 하늘의 밝은 빛 때문에 앞이 보이지 않았다. 그는 눈을 비볐다. 이때 안에서 파트로스가 부르는 소리가 들렸다. 그는 다시 안으로 들어가 파트로스가 말하기를 기다렸다. 파트로스는 하피드를 손가락으로 가리키며 말했다.

"편히 자도록 하게. 자네는 결코 실패한 것이 아니야."

그 밝은 별은 밤새도록 하늘 위에서 빛나고 있었다.

카라반이 팔미라의 본부로 돌아온 지도 거의 두 주일이 지난
어느 날, 하피드는 마구간에 있는 그의 짚섬 침대에서 자다가 파
트로스의 호출 명령을 받고 잠에서 깼다.

그는 서둘러 주인의 침실로 가서, 그 주인을 작아 보이게 만드
는 커다란 침대 옆에 불안한 마음으로 서 있었다. 파트로스는 눈
을 뜨고 이불을 밀치면서 겨우 일어나 앉았다. 얼굴은 야위었고,
손에는 핏줄이 부풀어 있었다. 하피드는 그가 불과 두 주일 전에
자신과 얘기했던 그 사람이라고 믿기가 어려웠다.

파트로스는 침대 아래쪽으로 몸을 움직였고, 하피드는 침대의
귀퉁이에 조심스레 앉아 주인이 말을 시작할 때까지 기다렸다.
파트로스의 목소리와 음조 또한 지난번 만났을 때와는 달랐다.

"하피드, 자네의 야망에 대해 되돌아볼 시간을 충분히 가졌으
리라 생각하네. 그래, 아직도 상인이 되고 싶은가?"

"예, 주인님."

노인은 고개를 끄덕였다.

"그러고 싶으면 그렇게 해야지. 나는 자네와 많은 시간을 함
께 보내고 싶었네. 그러나 자네가 보다시피 나에게는 다른 계획
들이 마련되어 있는 것 같네. 내가 위대한 상인이라고는 하지만,
나 역시 죽음을 대문 밖으로는 팔아치울 수가 없군. 죽음이 마치
부엌문 앞의 배고픈 개처럼 며칠 동안이나 나를 기다리고 있다
네. 언젠가는 문이 열릴 거라 기대하면서……."

파트로스는 기침 때문에 말을 멈추었고, 하피드는 그가 숨을
고르려고 애쓰는 동안 꼼짝 않고 앉아 있었다. 마침내, 기침을
멈추고 파트로스는 힘없이 웃었다.

"우리가 함께할 시간이 얼마 없군. 그러니 빨리 시작을 하세.
우선, 이 침대 밑에 있는 편백나무 궤짝을 꺼내주게."

하피드는 무릎을 꿇고 가죽끈으로 묶인 작은 궤짝을 끌어당겨 파트로스의 다리 아래에 갖다 놓았다. 파트로스는 목소리를 가다듬었다.

"낙타지기보다도 못하던 수십 년 전에 나는 우연히 산적 둘에게 쫓기고 있는 동방의 여행객을 구해준 적이 있네. 그가 생명을 건져준 대가로 무엇이라도 보답하고 싶으니 원하는 것을 말하라고 했지만, 나는 특별히 원하는 것이 없다고 했지. 그는 내가 가족도 없고 돈도 없다는 것을 알았기 때문에 자신의 집으로 가서 자기 가족이 되자고 하더군.

내가 새로운 삶에 익숙해진 어느 날, 그는 나에게 이 궤짝을 보여주었지. 그 안에는 각각 번호가 적힌 열 개의 가죽 두루마리가 있었네. 첫 번째 두루마리에는 학습의 비법이 적혀 있었고 나머지 두루마리에는 상술로써 큰 성공을 거두는 데 필요한 비법과 원리가 담겨 있었지. 그 후 1년 동안 나는 하루도 빠짐없이 두루마리의 현명한 말들에 대해 가르침을 받았고, 첫 번째 두루마리에 쓰여 있는 학습의 비법을 통해 모든 두루마리에 적힌 말들을 기억할 수 있게 되었다네. 그 말들은 곧 나의 사고방식으로 생활의 일부가 되었고, 마침내 내 습관이 되었지.

나중에 그 집을 떠나게 되었을 때, 난 열 개의 두루마리가 들어 있는 궤짝과 밀봉된 편지, 그리고 황금 50조각이 든 지갑을 받게 되었네. 밀봉된 편지는 양자로 살던 집이 시야에 들어오지 않을 때까지 열어 보아선 안 되는 것이었지. 난 가족들에게 작별 인사를 한 뒤 떠났고, 팔미라로 가는 길에서 비로소 그 편지를 뜯어보았다네. 그 내용은, 금을 들고 가서 두루마리에서 배운 내용을 적용하면서 새로운 삶을 시작하라는 것이었지. 또한, 그 편지에는 내가 버는 돈의 절반은 가난한 사람들에게 나누어주고, 두루마리를 받도록 정해진 다음 사람이 나타났다는 특별한 계시가 있을 때까지 가죽 두루마리를 절대로 누군가에게 보이거나 주어서는 안 된다고 씌어 있었네.”

하피드는 머리를 갸우뚱했다.

“무슨 말씀이신지 이해가 안 됩니다, 주인님.”

“계속 들어보게나. 나는 지난 수십 년 동안 이 계시를 기다려 왔다네. 기다리는 동안 두루마리에서 배운 것들을 적용하여 많은 돈을 벌었지. 그리고 이제는 내가 죽기 전까지 그런 사람은 나타나지 않을 거라고 생각하고 있었네. 적어도 자네가 베들레헴에서 돌아오기 전까지는 말이야. 자네가 베들레헴에서 돌아올 때 별이 따라오는 것을 보고 나는 자네가 선택된 사람이라는 것을 어렴풋이 짐작하게 되었지. 그 사건의 뜻을 정말로 이해해 보려 했지만, 감히 신의 행위에 도전하지 않기로 했네.

그런데 자네가 옷을 포기했다고 말했을 때, 내 가슴속에서 무슨 소리가 들려왔네. '이제 긴 기다림은 끝이 났다'는 것이었지. 난 드디어 궤짝의 다음 임자를 찾은 거야. 그런데 이상하게도 내가 그 사실을 알게 되자마자, 나의 에너지가 서서히 빠져나가기 시작했다네. 이제 내 삶의 끝이 다가왔지만, 나의 긴 기다림도 끝이 났기에 평안한 마음으로 세상을 떠날 수 있을 것 같네."

목소리가 점차 희미해지는 가운데 파트로스는 뼈만 앙상한 주먹을 단단히 쥐고서 하피드에게 다가갔다.

"이리 가까이 와서 잘 듣게나. 이제는 내 말을 반복할 힘도 없으니."

그의 주인에게 다가가면서 하피드의 눈은 젖어 들었다. 파트로스는 하피드의 손을 꼭 잡고 힘겹게 숨을 들이마셨다.

"이 궤짝과 궤짝 속에 들어 있는 소중한 것들을 자네에게 전하네. 그러나 먼저 자네가 동의해야 할 몇 가지 조건이 있어. 이 궤짝 안에는 금화 백 달란트가 들어 있지. 생활비와 장사에 필요한 양탄자를 조금 살 수 있을 정도의 돈이네. 자네에게 더 많은 재산을 줄 수도 있지만, 그것은 오히려 도움이 안 되네. 자네 스스로 세상에서 가장 위대한 상인이 되는 것이 더욱 보람 있는 일이니까 말일세. 결코 자네의 포부를 잊지 말게.

즉시 이 도시를 떠나 다마스쿠스로 가게나. 거기서 두루마리가 가르쳐 준 것을 적용할 무수히 많은 기회를 접할 수 있을 것이야. 묵을 곳이 정해지면 첫 번째 두루마리라고 쓰인 것을 열어 보도록 하게. 그것을 반복해서 읽어야 하네. 그래야만 다른 두루마리에 적힌 장사의 원리를 배울 수 있는 비법을 완전히 터득할 수 있네. 각각의 두루마리를 다 배우고 나면 사놓은 양탄자를 팔기 시작해도 좋네. 만일, 자네가 배운 것을 자네의 경험과 결합시킨다면, 또 각 두루마리를 지시대로 계속 공부한다면, 매출은 매일 늘어날 것이네. 그래서 나의 첫 번째 조건은 첫 번째 두루마리의 교훈을 따르겠다고 맹세하는 것이네. 맹세하겠는가?"

"예, 주인님."

"좋아, 좋아……. 자네가 두루마리의 원칙을 적용하기 시작하면 자네가 꿈꾸던 것보다 더 많은 재산을 얻을 수 있을 것일세. 나의 두 번째 조건은 자네가 버는 돈의 절반을 자네보다 가난한 사람들에게 항상 나눠주어야 한다는 것이야. 절대 이 조건을 어겨서는 안 되네. 맹세할 수 있겠는가?"

"예, 주인님."

"이제 무엇보다도 가장 중요한 원칙이 남아 있네. 절대로 두루마리나 그 속에 있는 지혜를 다른 사람들과 나누어서는 안 된다는 것일세. 어느 날, 내가 보았던 별이나 자네의 자애로운 행동과 같은 암시를 보여주는 사람이 나타날 것이네. 그런 일이 일어나면 그 사람은 자신이 선택된 사람이라는 것을 알지 못하더라도 자네가 그 암시를 알아챌 수 있을 것이야. 자네의 마음에서 옳다고 느껴지면 그 사람에게 궤짝과 그 내용물을 넘겨주게. 다만, 그때가 되면 내가 자네에게 부탁했던 이러한 조건은 필요가 없게 되네. 내가 오래전에 받은 그 편지에는 이것을 받는 세 번째 사람은 그가 원한다면 내용을 공개해도 좋다고 적혀 있었네. 이 세 번째 조건도 지킬 것이지?"

"예, 지키겠습니다."

파트로스는 마치 무거운 짐을 벗기나 한 것처럼 안도의 한숨을 내쉬었다. 그리고 힘없이 웃고 나서 뼈가 앙상한 손으로 하피드의 얼굴을 만졌다.

"궤짝을 가지고 떠나게. 이제 더이상 자네를 볼 수가 없겠군. 나의 사랑과 자네의 성공에 대한 내 믿음을 간직하고 가게나. 그리고 언젠가 자네의 미래가 안겨줄 행복을 리샤와 함께 나누기 바라네."

궤짝을 들고 침실을 나서는 하피드의 뺨에 눈물이 하염없이 흘러내렸다. 그는 잠시 멈춰 섰다가 궤짝을 마루에 내려놓고는 그의 주인을 돌아보았다.

"성공하겠다는 의지로 충만하다면 실패가 저를 이길 수 없겠지요?"

파트로스는 힘없이 웃으며 고개를 끄덕거렸다. 그리고 손을 들어 작별을 고하였다.

하피드는 말을 타고 동쪽 문을 통해 다마스쿠스로 들어갔다. 그는 회의와 불안한 마음을 안고 스트레이트라고 불리는 길을 따라 들어갔다. 수백 개의 노점상에서 터져 나오는 고함과 소음으로 마음이 진정되지 않았다. 파트로스의 막강한 카라반과 함께 큰 도시에 당도하던 때와 보호받지 못하는 외로운 신세가 된 지금의 심정은 전혀 다른 것이었다.

거리의 상인들은 사방에서 물건을 들고 나와 옆의 상인보다 더 큰 소리로 고함을 질러대며 그에게 달려들었다. 그가 구리세

공점, 금은방, 가구상, 포목점, 목공소들이 총총히 박혀 있는 상점들을 지날 때는 상인들이 면전에다 손을 뻗치면서 동정표를 구하려고 아우성이었다. 다만 그의 바로 앞, 마을의 서쪽 경계 너머에 있는 헤르몬산만이 한여름임에도 불구하고 꼭대기에 여전히 하얀 눈을 덮은 채, 인내와 관용으로 시장의 불협화음을 지켜보는 듯하였다.

하피드는 그 유명한 시장 골목을 벗어난 뒤 물어물어 마침내 모스카라는 여인숙에 찾아들었다. 방이 깨끗해서 한 달 치의 방세를 미리 지불하고는, 집주인 안토닌과 곧 친하게 되었다. 그는 여인숙 뒤에 있는 마구간에 말을 묶어 놓고 바라다 강물로 목욕을 한 후 방으로 돌아왔다.

그는 작은 편백나무 궤짝을 침대 밑에 내려놓고 가죽끈을 풀기 시작했다. 그 덮개는 쉽게 열렸고 곧 가죽 두루마리들이 드러나 보였다. 그는 안으로 손을 뻗어 가죽을 쓰다듬어 보았다. 그의 손가락 아래 느껴지는 가죽 두루마리들이 마치 살아있는 것 같아서 자기도 모르게 얼른 손을 빼냈다.

하피드는 일어나 격자창문으로 다가갔다. 밖에서는 시장의 소음이 희미하게 들려왔다. 그 소음이 들려오는 곳을 보고 있노라니 불현듯 회의와 불안감이 다시 찾아들고 자신감도 점점 사라져 갔다. 그는 눈을 감고 벽에 머리를 기댄 채 크게 울부짖었다.

"나같이 미천한 낙타지기가, 길거리의 사나운 상인들 사이를 지나갈 용기조차 없는 겁쟁이가 세상에서 가장 위대한 상인이 되겠다는 꿈을 꾸다니 얼마나 황당한 일이란 말이냐! 오늘 나는 이 눈으로 수백 명의 상인을 보았고 그들은 모두 나보다 훨씬 더 상인이라는 직업에 잘 어울려 보였다. 모두가 대담하고, 열성적이면서, 끈기를 가지고 있었다. 그들은 모두 시장이라는 정글에서 살아남을 수 있을 것이다. 내가 그들과 경쟁하여 이길 수 있다는 것은 얼마나 주제넘은 생각인가? 파트로스 주인님, 오 나의 파트로스. 난 아무래도 주인님을 다시 실망시킬 것 같습니다."

그는 침대에 몸을 내던지고는 흐느껴 울다가 지쳐서 잠이 들었다.

잠에서 깨어났을 때는 아침이었다. 하피드는 눈을 뜨기 전부터 새가 지저귀는 소리를 듣고 있었다. 그는 일어나 앉아 궤짝의 열린 뚜껑 위에 앉아 있는 참새 한 마리를 물끄러미 바라보다가 벌떡 일어서서 창문으로 다가갔다. 밖에서는 수천 마리의 참새가 무화과나무에 옹기종기 모여 앉아 아침이 왔음을 알리고 있었다. 그가 바라보고 있는 동안에도 몇 마리의 참새가 창틀로 날아와 앉았다가 그가 조금만 움직이면 금방 날아가 버리곤 했다. 그는 몸을 돌려 궤짝을 보았다. 깃털 달린 이 작은 방문객은 머리를 쳐들고 젊은이를 바라보고 있었다.

하피드는 천천히 궤짝으로 걸어가 손을 뻗었다. 그러자 새는 그의 손바닥 위에 사뿐 올라앉았다.

"너의 수많은 동료들은 겁을 먹고 바깥에 있는데, 너만이 안으로 들어올 용기를 가졌구나."

새는 하피드의 손을 세게 한번 쪼았다. 하피드는 참새를 빵과 치즈가 든 배낭 옆 테이블 위에 올려놓았다. 그가 빵 조각을 떼어 그 작은 친구 앞에 놓아주자 참새는 쪼아먹기 시작했다.

문득 무슨 생각이 떠올라 하피드는 다시 창가로 갔다. 그리고 격자창의 구멍에 손을 넣어보았다. 그것은 너무 작아서 어떤 참새라도 들어오기가 거의 불가능해 보였다. 그때 불현듯 파트로스의 목소리가 생각나 큰 소리로 그의 말을 되뇌었다.

"성공하겠다는 의지로 충만하다면 실패가 너를 이길 수 없을 것이다!"

그는 궤짝으로 돌아가 두루마리들 사이로 손을 집어넣었다. 한 가죽 두루마리가 다른 것보다 훨씬 낡아 있었다. 그는 궤짝에서 그것을 꺼내어 조심스레 펼쳐 들었다. 그의 마음을 짓누르던 두려움은 어느새 사라지고 없었다. 문득 참새가 있던 곳을 바라보았다. 새는 이미 날아가 버린 뒤였다. 단지 빵과 치즈 부스러기만이 용기 있는 작은 새의 방문이 있었음을 일깨워줄 뿐이었다. 하피드는 두루마리를 유심히 살펴보았다. 그것의 앞머리에는 '첫 번째 두루마리'라고 씌어 있었다. 그는 읽어 내려가기 시작했다.

The Greatest Salesman in the World

제 8 장

첫 번째 두루마리

오늘부터 나는 새로운 삶을 시작한다.

오늘 나는 실패의 피멍과 굴욕의 상처를 너무도 오랫동안 견뎌온 나의 낡은 피부를 벗겨내련다.

오늘 나는 새로이 태어난다. 내가 태어난 곳은 열매가 가득 달린 포도원이다. 오늘 나는 포도원에서 가장 크고 풍성한 포도나무로부터 지혜의 포도를 따리라. 이 나무는 수많은 세대를 거치는 동안 나와 같은 직업을 가진 사람들 중 가장 현명한 선인들이 직접 손으로 심어놓은 것이기 때문이다.

오늘 나는 이 넝쿨에 달린 포도를 맛볼 것이다. 그리고 그 속에 묻혀 있는 성공의 씨앗을 꿀꺽 삼킬 것이다. 그리하여 내 몸속에서 새로운 삶이 싹트게 하리라.

내가 선택한 직업은 많은 기회를 품고 있지만, 또한 그것은 고통과 좌절 그리고 실패했던 사람들의 흔적으로 가득차 있다. 실패했던 사람들을 차곡차곡 쌓아 올린다면 그 그림자는 아마도 지상의 모든 피라미드를 덮어 버릴 것이다.

그렇지만 나는 다른 사람들처럼 실패하지 않으리라. 이제 험한 바다를 헤치고 해안에 도달할 수 있는 지침들을 나의 손에 가지고 있으니 어제까지만 해도 한낱 꿈에 불과하던 일을 성취할 수 있을 것이다.

실패는 더이상 나의 투쟁에 대한 보상이 되지 못하리라. 나의 몸이 오로지 고통에 대비하기 위해 만들어지지 않았듯이, 나의 인생도 실패만을 감수하기 위해 주어진 것이 아니다. 고통과 마찬가지로 실패도 이제 나의 인생과는 상관없는 일이다. 지금까지는 신체의 고통을 받아들이듯, 실패도 당연한 것으로 받아들였다.

그러나 이제는 실패를 거부한다. 나는 나를 음지로부터 부와 지위, 행복의 양지로 데려다줄 지혜와 원리를 받아들일 준비가 되어 있다. 지금까지는 허망한 꿈에 불과했던 헤스페리데스 정원의 황금사과도 이제는 내 노력의 대가에 지나지 않을 것이다.

영원히 사는 사람이 있다면 시간이 모든 것을 가르쳐주겠지만, 나는 영생의 특혜를 얻지 못하였다. 그렇지만 자연은 절대서두르는 법이 없으므로 나에게 허락된 시간 속에서, 인내의 방법을 터득해야 한다.

나무의 왕, 올리브가 탄생하려면 백 년의 시간이 필요하다. 양파 줄기는 두 달이면 시들어 버린다. 나는 양파처럼 살아왔다. 그래서 만족할 수 없었다. 이제는 올리브 나무 중에서도 제일 훌륭한 나무로, 즉 위대한 상인으로 성장하리라.

그런데 이제 어떻게 나의 꿈을 이루어 나갈 것인가? 지금까지 나는 위대함을 이루어낼 지식도 경험도 없이 무지 속에서 비틀거리고 자기 연민의 늪에 빠져 허덕이지 않았던가.

그 대답은 단순하다. 나는 쓸모없는 지식의 무게에 짓눌리거나 의미 없는 경험 때문에 발생하는 불리함에 방해받는 일 없이 나의 여행을 시작하리라. 자연은 이미 나에게 숲속의 어떤 동물보다도 뛰어난 본능과 지식을 주었다.

경험의 가치는 흔히 오랜 세월 동안 많은 경험을 했다는 노인들에 의해 과대평가되어 왔다. 실제로 경험해보는 것이 가장 완벽한 가르침을 주겠지만, 모든 것을 경험으로만 배운다면 시간이 너무 많이 걸려서, 그 특별한 교훈을 배우고 있는 긴 시간 동안 경험의 가치는 계속 줄어들고 말 것이다. 경험을 많이 쌓고도 늙어서 죽어버린다면 낭비가 아닌가. 게다가 경험은 유행과 비슷해서 오늘을 성공으로 이끄는 행위라도 내일은 그만한 효과를 나타내지 못할 수도 있다.

단지 뿌리가 되는 원리만이 지속적인 힘을 발휘하는데, 나를 위대함으로 이끌어 줄 법칙들이 이 두루마리 안에 말로 쓰여 있으므로 나는 이제 그 원리를 가지고 있는 셈이다. 성공을 마음의 상태라고 본다면, 결국 이 원리가 내게 가르쳐 주는 것은 성공을 이루는 방법이라기보다는 실패를 방지하는 방법이 아니겠는가.

수많은 현자들이 성공을 제각기 다르게 설명하고 있지만, 실패는 언제나 동일하게 정의된다. '실패란 삶의 목표가 무엇이었든 간에, 그 목표에 도달하지 못한 사람의 무능력'이라고 볼 수 있다.

사실, 실패한 사람과 성공한 사람 사이에는 단 하나의 차이만 있을 뿐이다. 습관의 차이가 그것이다. 좋은 습관은 모든 성공의 열쇠이며, 나쁜 습관은 실패를 향해 열려 있는 창문과도 같다. 그래서 다른 무엇보다도 내가 지켜야 할 첫 번째 법칙은 '좋은 습관을 만들고, 그 습관의 노예가 되라'는 것이다.

어릴 적 나는 내 충동의 노예였다. 그러나 지금은, 다른 성인들이 그러했듯이 내 습관의 노예가 되었다. 나는 내 자유의지를 수년간 축적해온 습관에 넘겨버렸다. 내 과거의 행동은 이미 나의 미래를 속박하려고 길 곳곳에 도사리고 있다. 나의 행동은 식탐, 격정, 편견, 탐욕, 애정, 공포, 환경 그리고 습관 등의 지배를 받고 있다.

그중에서도 가장 악한 폭군이 습관이다. 내가 어차피 습관의 노예가 되어야 한다면 좋은 습관의 노예가 되련다. 나쁜 습관은 모두 잊어버리고 좋은 씨를 뿌리기 위한 새로운 밭고랑을 일굴 것이다.

나는 좋은 습관을 만들어 그것의 노예가 되리라. 그렇다면 어떻게 그 어려운 일을 해낼 것인가? 이 두루마리를 통해 이루어 나갈 것이다. 각 두루마리에는 내 삶의 나쁜 습관을 몰아내고 나를 성공으로 인도할 좋은 습관으로 다시 채울 수 있는 원리가 담겨 있기 때문이다. 어떤 습관을 정복할 수 있는 것은 또 다른 습관뿐이라는 것 역시 자연의 한 법칙이다. 두루마리에 적혀 있는 것을 성취하기 위해 먼저 다음과 같은 새로운 습관을 연마해야 한다.

"나는 한 달 동안 여기에 쓰인 방식대로 두루마리를 읽은 다음에야 그다음 두루마리를 열어 볼 것이다."

우선 아침에 일어나서는 속으로 그것을 읽을 것이다. 점심을 먹고 난 후 조용히 또 한 번 읽고, 마지막으로 하루를 끝내기 직전에 다시 읽을 것이다. 이때 중요한 점은 큰 소리로 읽는다는 것이다.

그다음날 나는 이를 반복할 것이며, 한 달 동안 같은 방법으로 계속할 것이다. 그러고 나서 다음 두루마리로 넘어가 또 한 달 동안 이 과정을 되풀이할 것이다. 나는 각 두루마리의 내용을 한 달 동안 읽고, 그것이 나의 습관이 될 때까지 이런 식으로 계속할 것이다.

이런 습관을 통해 무엇을 달성할 수 있을까? 여기에 모든 인간의 성취를 이끌어 낸 비밀이 숨어 있다. 매일 그 내용을 되씹는 동안 그 말들은 나의 능동적인 의식의 일부가 되어갈 것이다. 그리고 더욱 중요한 것은 나의 또 다른 의식, 즉 잠들지도 않고 꿈을 생성시키며 종종 나조차도 이해할 수 없는 행동을 하도록 만드는 알 수 없는 잠재의식 속에 그 말들이 스며든다는 점이다.

이 두루마리에 쓰인 말들이 신비한 의식 속에 자리잡게 되면 나는 매일 아침 일어날 때마다 전에는 느끼지 못하던 생명력을 얻게 될 것이다. 활기가 넘치고 열정에 복받쳐서 세상을 맞이하려는 나의 욕구가 모든 두려움을 이기게 할 것이다. 그리하여 나는 험하고 슬픔이 가득 찬 세상에서 내가 가능하리라고 믿었던 것보다 훨씬 더 행복해지리라.

언젠가는 내가 부딪치는 모든 상황에서 두루마리에 적힌 대로 반응하게 될 것이다. 그리고 그렇게 행동하고 반응하는 것은 점점 더 쉬어질 것이다. 한번 해본 행동은 쉬워지는 법이니까.

그래서 나의 새롭고 좋은 습관이 태어나고, 계속되는 반복으로 실천이 점점 쉬워지게 되면 그런 행동을 하는 것은 즐거움이 되리라. 즐거운 행위를 더욱 자주 실천하고 싶은 것은 인간의 본능이다. 내가 그것을 자주 실행하면 그것은 습관이 되고 나는 그것의 노예가 된다. 이런 좋은 습관이야말로 내가 원하던 바이다.

오늘부터 나는 새로운 삶을 시작하리라.

그리고 어떠한 것도 나의 새로운 삶의 성장을 지연시킬 수 없을 것이라고 굳게 믿는다. 나는 하루라도 두루마리 읽기를 게을리하지 않을 것이다. 잃어버린 시간은 되찾을 수 없으며 다른 시간으로 대체할 수도 없기 때문이다. 나는 두루마리 읽는 습관을 절대 깨지 않을 것이며 깨어서도 안 된다. 사실, 이 새로운 습관을 갖기 위해 들이는 시간은 매일 잠깐이면 되고, 그 시간은 나의 소유가 될 성공과 행복의 대가치고는 아주 작은 것에 불과하다.

내가 두루마리를 읽고 또 읽는 동안 나는 절대 각 두루마리를 대강 읽지 않을 것이다. 두루마리의 간결함과 쓰인 말들의 단순함 때문에 그것의 가치를 결코 가볍게 여기지 않으리라. 수천 송이의 포도를 짜야만 겨우 한 항아리의 포도주가 만들어지고, 낡은 껍질과 찌꺼기를 새에게 던져줄 수 있다. 세월의 지혜도 포도와 같아서, 불필요한 많은 것들은 걸러지고 바람결에 날아가 버린다. 단지 순수한 진실만이 증류되어 한마디 말로 전해진다. 그것이야말로 내가 삼킬 성공의 알맹이인 것이다.

오늘 나의 낡은 피부는 먼지가 되어 날아가 버린다. 나는 사람

들 사이를 어깨를 펴고 걸어 다니리라. 어쩌면 그들이 나를 알아
보지 못할 것이다. 왜냐하면 나는 오늘부터 새로운 삶을 사는 새
사람이기 때문이다.

　나는 사랑이 충만한 마음으로 이 날을 맞이하리라.

　사랑이야말로 모든 성공 뒤에 은밀히 감춰진 위대한 힘이다.
무력은 방패를 깨뜨리고 심지어 생명을 앗아갈 수도 있다. 그러
나 사랑의 보이지 않는 힘은 다른 사람들의 마음까지도 열 수 있
다. 내가 이 지혜를 완벽하게 터득할 때까지 나는 한낱 시장의
행상인에 지나지 않을 것이다.

　나는 사랑을 나의 가장 큰 무기로 만들 것이며 아무도 그것의
힘을 막지 못할 것이다. 그들은 나의 논리를 반박하고 나의 말을

불신하며 나의 차림새나 생김새를 거부할지도 모른다. 심지어는 내가 물건값을 깎아주어도 의심의 눈초리를 던질지 모른다. 그러나 나의 사랑은 마치 차가운 땅을 어루만지는 햇살처럼 그들의 마음을 녹일 수 있으리라.

나는 사랑이 충만한 마음으로 이 날을 맞이하리라.

그렇다면 나는 어떻게 해야 하겠는가? 이제부터 모든 사물을 사랑으로 바라봄으로써 나는 다시 태어날 것이다.

나는 태양을 사랑하리라, 나의 몸을 따뜻하게 해주니까.

그러나 소낙비도 사랑하리라, 나의 영혼을 깨끗하게 해주니까.

나는 밝음을 사랑하리라, 나의 갈 길을 밝혀주니까.

그러나 어둠도 사랑하리라, 별을 볼 수 있게 해주니까.

나는 행복을 사랑하리라, 내 가슴을 가득 채워주니까.

그러나 슬픔도 사랑하리라, 나의 마음을 가다듬어주니까.

나는 당당히 보상을 받으리라, 내 노력의 대가니까.

그러나 난관들도 환영하리라, 나에게 도전이 되니까.

나는 사랑이 충만한 마음으로 이 날을 맞이하리라.

그렇다면 나는 어떻게 말해야 하겠는가? 나는 나의 적을 찬양하리라. 그러면 그들은 나의 친구가 될 것이다. 또한 나의 친구에게 용기를 북돋아주리라. 그러면 그들은 나의 형제가 될 것이다.

항상 칭찬할 거리를 찾을 것이며, 절대로 뒤에서 남을 욕하지 않으리라. 누군가를 비난하고 싶어지면 차라리 나의 혀를 깨물고, 누군가를 칭찬하고 싶어지면 지붕 위에 올라가 큰 소리로 외치리라.

새와 바람, 바다 그리고 모든 자연이 그의 창조주를 위해 기쁨의 노래를 부르지 않는가. 그러니 내가 창조주의 자녀들에게 같은 노래를 불러주지 말라는 법이 어디 있겠는가. 이제부터 나는 이 비밀을 기억하며 나의 삶을 바꾸어 가리라.

나는 사랑이 충만한 마음으로 이 날을 맞이하리라.

그렇다면 나는 어떻게 행동해야 하겠는가? 나는 모든 부류의 사람을 사랑할 것이다. 비록 감춰져 있다 하더라도 누구나 존중받을 자질을 갖고 있다. 그들의 마음을 둘러싸고 있는 의혹과 미움의 벽을 나는 사랑으로 허물리라. 그리고 그 자리에 나의 사랑이 그들의 영혼에 다다를 수 있도록 다리를 놓으리라.

나는 야망을 가진 자를 사랑하리라, 내가 더 분발하게 해 주니까.

그러나 실패한 자들도 사랑하리라, 나에게 교훈을 주니까.

나는 강건한 왕들을 사랑하리라, 그들도 결국 인간이니까.

그러나 온순한 자들도 사랑하리라, 그들은 믿음이 좋으니까.

나는 부유한 자들을 사랑하리라, 그들은 어쨌든 외로우니까.

그러나 가난한 자들도 사랑하리라, 그들은 주위에 많으니까.

나는 젊은이들을 사랑하리라, 그들은 아직 신념을 품고 있으니까.

그리고 늙은이들도 사랑하리라, 그들은 지혜를 가졌으니까.

나는 잘생긴 사람들을 사랑하리라, 그들의 눈에는 애수가 어려 있으니까.

그러나 못난 사람들도 사랑하리라, 그들은 평온한 영혼을 지녔으니까.

나는 사랑이 충만한 마음으로 이 날을 맞이하리라.

그렇다면 나는 나에게 대항하는 사람들에게 어떻게 반응해야 하겠는가? 사랑으로 대하리라. 사랑이 사람의 마음을 여는 나의 무기이듯이, 사랑은 또한 증오의 화살과 분노의 창을 막아주는 나의 방패가 된다. 불운과 낙담들은 나의 새로운 방패에 부딪히면 보슬비처럼 부서질 것이다. 나의 방패는 시장에서 나를 보호해줄 것이며 내가 혼자 외로울 때 나를 지탱해 줄 것이다.

사랑의 방패는 절망의 순간에 나를 세워주고, 흥분의 순간에는 나를 가라앉힐 것이다. 이 방패는 사용하면 할수록 점점 강해져서 나를 더 잘 보호하며, 어느 날 내가 이 방패를 집어던지고 사람들 앞에 나다닐지라도 나의 이름이 인생의 피라미드 꼭대기에 높이 받들어지리라.

나는 사랑이 충만한 마음으로 이 날을 맞이하리라.

그렇다면 내가 만나는 사람들을 어떻게 대해야 하겠는가? 오직 한 가지 길이 있다. 조용히 마음속으로 그를 떠올려 나는 당신을 사랑한다고 말하리라. 소리 내어 말하지 않는다 해도 그 말은 나의 눈을 통해 반짝이고, 이맛살이 펴지게 하며, 내 입가에 미소를 머금게 할 것이다. 그러면 그의 마음도 활짝 열릴 것이다. 그의 마음이 나의 사랑을 느낄 때 어찌 내 물건을 마다하겠는가?

나는 사랑이 충만한 마음으로 이 날을 맞이하리라.

그리고 무엇보다도 나 자신을 사랑하리라. 내가 나를 사랑하게 되면, 나는 내 몸과 마음, 영혼 그리고 가슴속으로 들어가는 모든 것들을 열심히 점검하게 되리라.

나의 몸이 요구하는 것에 너무 탐닉하지 않도록 할 것이며, 청결과 절제로써 나의 몸을 소중히 다룰 것이다.

나의 마음이 악과 절망에 빠지지 않도록 할 것이며, 노인들의 지혜와 지식으로 마음을 앙양할 것이다.

나의 영혼이 만족하여 해이해지지 않도록 할 것이며, 명상과 기도로써 영혼을 채울 것이다.

나는 내 가슴이 좁아지거나 인색해지지 않도록 할 것이며, 내 가슴속의 온정을 나누고 키워서 세상을 따뜻하게 만들 것이다.

나는 사랑이 충만한 마음으로 이 날을 맞이하리라.

지금부터 나는 온 인류를 사랑하리라. 이제 증오할 시간은 남아 있지 않다. 오로지 사랑할 시간밖에 없으니 이 순간부터 나의 핏줄에서 모든 증오를 없앨 것이다.

지금 이 순간부터 나는 인간 중의 으뜸 인간이 되기 위한 첫걸음을 내디디리라. 나는 사랑으로 매상을 백 배 이상 올리는 훌륭한 상인이 되리라. 내게 다른 자격이 없을지라도 나는 사랑만 가지고도 성공할 수 있다. 반면 내게 사랑이 없으면, 이 세상의 모든 지식과 기술을 가졌다 해도 나는 실패할 것이다.

　나는 사랑이 충만한 마음으로 이 날을 맞이하리라. 그리고 나는 성공하리라.

세
번
째

두
루
마
리

나는 성공할 때까지 집요하게 밀고 나가리라.

동방의 어느 나라에선 어린 황소가 투우에 적합한지를 특이한 방법으로 시험한다. 소를 시험장에 끌고 나와 창으로 찔러대는 투우사를 공격하게 한다. 창에 찔리면서도 덤벼드는 회수를 기준으로 소의 용감성을 측정하는 것이다.

이제 나는 매일매일 나 자신이 이런 방법으로 시험받고 있음을 인식할 것이다. 내가 끝까지 밀고 나가면, 내가 끊임없이 노력한다면, 그리고 내가 계속 투쟁하여 한 발 한 발 앞으로 나아간다면 나는 성공할 것이다.

나는 성공할 때까지 집요하게 밀고 나가리라.

나는 패배하기 위해 이 세상에 태어난 것이 아니며, 내 혈관 속에 실패의 피가 흐르는 것도 아니다. 나는 양치기에 의해 끌려 다니기만을 기다리는 양이 아니다. 나는 사자이다. 나는 양처럼 울어대고, 양처럼 이끌리고, 양처럼 잠재워지는 것을 거부한다.

나는 눈물을 짜며 불평하는 자들의 소리를 듣지 않으리라.

이런 일은 마치 전염병과 같다. 그런 나약한 병은 양떼에게나 머물도록 내버려두자. 실패의 도살장으로 끌려가는 것은 나의 운명이 아니다.

나는 성공할 때까지 집요하게 밀고 나가리라.

삶의 보상은 인생행로의 시작에 있는 것이 아니라 끝에 있다. 내 목표에 도달하기 위해 얼마나 많이 걸어야 할는지 알 수 없다. 수천 걸음을 내디딘 후에도 실패와 마주칠 수 있다. 그러나 성공은 바로 그다음 길모퉁이에 숨어 있다. 내가 그 모퉁이를 돌지 않는 한, 성공에 얼마나 가까이 왔는지 절대로 알 수 없으리라.

나는 항상 한 발짝씩 더 걸으리라. 그것이 헛걸음이었다면 한 발짝 더 걷고, 그것도 아니라면 한 발짝 또 걸으리라. 사실, 한 번에 한 발짝씩 더 걷는 것은 그리 어려운 일이 아니다.

나는 성공할 때까지 집요하게 밀고 나가리라.

이제부터 나는 매일매일의 노력을 마치 커다란 참나무를 베기 위해 도끼를 한 번 내려치는 것과 같다고 생각할 것이다. 첫 번째 도끼질은 참나무에 조금의 진동도 주지 못할는지 모른다. 두 번째, 세 번째 도끼질도 역시 그러할지 모른다. 한 번, 한 번의 도끼질은 너무 미약해서 아무런 결과가 없는 듯 보일 수 있다. 그러나 미약한 도끼질이 결국은 참나무를 쓰러뜨릴 것이다. 오늘 하루의 내 노력도 이와 같을 것이다.

나는 큰 산을 조금씩 깎아내리는 빗방울과 같아지리라. 나는 호랑이를 갉아먹는 개미와 같아지리라. 나는 온 세상을 비추는 별과 같아지리라. 나는 피라미드를 쌓는 노예와 같아지리라. 나는 한 번에 벽돌 한 장씩, 나의 성을 쌓아가리라.

이런 작은 시도가 반복되면 무엇이라도 성취할 수 있다는 것을 알기 때문이다.

나는 성공할 때까지 집요하게 밀고 나가리라.

절대 패배에 관해 생각하지 않을 것이다. 나는 나의 사전에서 포기, 불가능, 무능력, 미혹, 절망, 실패, 회피, 후퇴 등과 같은 단어를 없애 버릴 것이다. 왜냐하면 그것은 어리석은 자들의 언어이기 때문이다.

나는 절망을 외면할 것이다. 그러나 만의 하나, 그 마음의 병이 내게 찾아든다면 그때는 절망 속에서도 계속 일을 할 것이다.

나는 땀 흘리면서 인내하리라. 내 발끝에 있는 장애물을 무시하고 내 머리 위에 있는 목표에 눈을 고정시킬 것이다. 왜냐하면 황량한 사막이 끝나는 곳에 푸른 잔디가 자라고 있음을 알기 때문이다.

나는 성공할 때까지 집요하게 밀고 나가리라.

나는 옛부터 내려오는 중용의 지혜를 명심하고 그것을 잘 활용하리라. 이번에 못 팔았으면, 다음에는 팔 수 있는 가능성이 더 높다는 것을 알기에 계속 밀고 나가리라. 거절의 대답을 들으면 승낙의 대답을 들을 때가 가까이 왔다고 생각하리라. 내가 대하게 되는 수많은 찡그린 얼굴들은 웃음이 가까이 왔음을 알리는 신호이다. 나와 마주치는 불운들은 내일의 행운이 다가오고 있음을 알리려는 것이리라. 밤이 있으면 낮도 있는 법이다. 나는 한 번의 성공을 위해 여러 번의 실패를 맛보아야 한다.

나는 성공할 때까지 집요하게 밀고 나가리라.

나는 노력하고, 또 노력하고, 더 노력하리라. 장애물들은 나를 우회하도록 하는 도전일 뿐이다. 마치 뱃사공이 거센 파도 속에서 기술을 익혀나가듯 나도 열심히 노력하여 나의 기술을 개발해 나갈 것이다.

나는 성공할 때까지 집요하게 밀고 나가리라.

이제부터 나는 나의 직종에서 뛰어났던 사람들의 비결을 배워서 나에게 적용하리라. 하루 일과가 끝나갈 무렵이면 그날의 성과에 상관없이 하나라도 더 팔기 위해 노력하리라. 지친 몸 때문에 고향 생각이 간절하더라도 고향으로 향하는 마음의 유혹을 떨쳐버리리라.

나는 더욱 노력하리라. 나는 승리에 가까이 가도록 또 한 번 시도할 것이다. 그리고 그것이 실패를 한다면 한 번 더 노력할 것이다. 단 하루라도 실패로 끝나게 하지 않을 것이다.

나는 내일의 성공을 위해 씨를 뿌리고, 시간이 되었다고 일과를 마치는 사람들로서는 도저히 쫓아올 수 없는 자리로 한 걸음씩 올라가리라. 다른 사람들이 하루의 투쟁을 마감하는 시점이 내게는 비로소 시작하는 시점이며, 결국은 풍성한 수확을 거두리라.

나는 성공할 때까지 집요하게 밀고 나가리라.

나는 결코 어제의 성공에 만족하여 오늘의 편안함을 찾지 않으리라. 이것은 실패의 가장 큰 원인이기 때문이다. 좋았든 나빴든 지나가 버린 어제의 일은 잊으리라. 그리고 나의 인생에서 가장 좋은 날이 될 것이라는 확신으로 새로이 떠오르는 태양을 맞이하리라.

나에게 숨이 붙어 있는 한, 나는 밀고 나가리라. 이것이 바로 성공의 가장 중요한 원리임을 알기 때문이다. 나는 집요하게 밀고 나가리라. 그리고 나는 승리하리라.

네
번
째
두
루
마
리

나는 자연의 가장 위대한 기적이다.

태곳적부터 나와 같은 마음, 가슴, 눈, 귀, 손, 머리카락, 입을 가진 사람은 그 누구도 존재하지 않았다. 나와 똑같이 걷고, 말하고, 움직이고, 생각하는 사람은 이전에도 없었으며, 지금도 없고, 이후에도 없을 것이다. 모든 인간이 나의 형제이지만, 나는 그들 모두와 다르다. 나는 독특한 창조물이다.

나는 자연의 가장 위대한 기적이다.

비록 나도 한 마리 동물에 지나지 않지만, 동물과 같은 대접은 나를 만족시킬 수 없다. 내 안에는 오래전 조상으로부터 전해오는 불꽃이 타오르고 있으며, 그 불꽃의 열기는 현재의 나보다 더 나은 사람이 되도록 내 영혼을 끊임없이 자극하고 있다. 나는 이 불만이라는 불꽃을 계속 부채질하여, 나 자신의 독특함을 세상에 알리겠다.

어느 누구도 내 붓의 획을 모방하지 못하며, 어느 누구도 내 끌의 새김을 똑같이 흉내 낼 수 없다. 어느 누구라도 내 글씨체와 같지 않으며, 어느 누구라도 내 아이를 만들 수 없다. 특히, 나와 동일한 장사 능력을 갖는 일은 절대로 있을 수 없다. 지금부터 나는 이런 차이점을 최대한 활용하여 나만이 가지고 있는 자산이 완전히 꽃피우도록 할 것이다.

나는 자연의 가장 위대한 기적이다.

나는 더이상 다른 사람을 흉내 내는 쓸데없는 수고를 하지 않을 것이다. 대신에 나의 독특함을 시장의 진열대에 올려놓을 것이다. 그 독특함을 널리 알리고, 그것을 팔겠다. 지금부터 나는 다른 사람과 유사한 점은 감추고 차이점을 강조하겠다. 이런 원칙은 내가 팔려는 상품에도 적용할 것이다. 그래서 여타의 사람들과는 다른 상인, 다른 상품이라는 차이를 자랑할 것이다.

나는 자연의 유일한 창조물이다. 나는 희귀하다. 모든 희귀한 것은 가치가 있다. 그러므로 나는 가치 있는 존재이다. 나는 수천 세대를 거쳐 태어났다. 그러므로 나는 이전의 모든 제왕이나 현인들보다 더 훌륭한 마음과 몸으로 무장되어 있다.

그러나 나의 기술, 나의 마음, 나의 가슴, 그리고 나의 육체를 좋은 곳에 사용하지 못하면 그것들은 정체되고 썩어서 죽게 될 것이다. 나는 무한한 잠재력을 가지고 있으면서도 머리와 근육을 극히 일부만 사용해왔다. 나는 어제의 내 업적을 수백 배 이상 증대시킬 수 있다. 어쨌든, 나는 오늘부터 그렇게 할 것이다.

나는 결코 어제의 성취에 만족하지 않을 것이며, 알고 보면 별것도 아닌 성취로 자기만족에 빠지지 않으리라.

내가 해온 것보다 더 많은 것을 성취할 수 있으며, 앞으로 그렇게 할 것이다. 나를 탄생시킨 기적이 나의 탄생과 함께 끝이 나서야 되겠는가? 그 기적을 오늘의 내 업적으로 연결시키지 못할 이유가 어디에 있겠는가?

나는 자연의 가장 위대한 기적이다.

나는 이 세상에 우연히 태어난 것이 아니다. 나는 목적을 가지고 여기에 왔으며, 그 목적은 한 줌의 모래로 사라져선 안 되며 산처럼 커져야 한다. 오늘부터 나는 가장 높은 산이 되기 위해 노력하리라. 나는 자비를 구하는 울부짖음이 들릴 때까지 나의 잠재력을 최대한 잡아 늘여갈 것이다.

나는 내 고객, 나 자신, 그리고 내 상품에 대한 지식을 높임으로써 실적을 몇 배로 키울 것이다. 나는 잘 팔기 위해 말솜씨를 단련하고, 가다듬고, 향상시킬 것이다. 말솜씨야말로 내 경력의 근원이 되며, 수많은 사람들이 뛰어난 언변을 통해 커다란 재산과 성공을 거머쥐었다는 점을 잊지 말아야 한다. 또한 예의와 품격을 높일 수 있는 방도를 모색할 것이다. 바로 이런 것들이 사람들을 나에게로 이끄는 달콤한 향기가 되기 때문이다.

나는 자연의 가장 위대한 기적이다.

내가 매 순간의 도전에 에너지를 집중한다면 그런 나의 행동이 다른 잠념을 잊게 해줄 것이다. 집안의 문제는 집안에 남겨두자. 시장에서 가족에 대해 생각하면 나의 사고가 흐려지기 때문이다. 또한 시장에서의 문제는 시장에 남겨두자. 집에 돌아와서 일에 대해 생각하면 나의 사랑이 식을 수 있기 때문이다.

시장에는 내 가족을 위한 공간이 없고, 또한 집에는 시장을 위한 공간이 없다. 각각을 따로 떼어놓음으로써 둘 다에게 열중할 수 있으리라. 그들이 각각 분리되지 않는다면 나의 인생은 엉망이 되고 말 것이다.

나는 자연의 가장 위대한 기적이다.

나는 이미 사물을 볼 수 있는 눈과 생각할 수 있는 마음을 부여받았지만, 이제 보이지 않는 것을 꿰뚫어 보는 생의 비밀을 깨달았다. 즉 문제점들과 절망, 골칫거리 뒤에 늘 커다란 기회가 감추어져 있음을 안다. 또한 사람들이 입고 있는 옷에 현혹되지 않을 것이다. 나는 그들의 옷 속에 감추어진 내면을 볼 것이며, 결코 속지 않을 것이다.

나는 자연의 가장 위대한 기적이다.

동물이나 식물, 바람, 비, 바위, 호수들은 시작부터가 나와 다르다. 왜냐하면 나는 사랑 속에 잉태되었고, 목적이 있어 이 세상에 태어났기 때문이다. 과거에는 이 사실을 생각지 못했으나, 이제부터는 그 사랑과 목적이 내 삶의 모양을 다듬고 인도해 줄 것이다.

나는 자연의 가장 위대한 기적이다.

자연은 패배를 모른다. 자연은 결국에 가서는 항상 승리하며,

나 또한 그러하리라. 그리고 그 승리를 통해 다음의 투쟁이 덜 힘들게 될 것이다. 나는 이길 것이며, 위대한 상인이 될 것이다. 왜냐하면 나는 특별한 존재이기 때문이다.

나는 자연의 가장 위대한 기적이다.

제 12 장

다섯 번째 두루마리

나는 오늘이 마지막 날인 것처럼 살아가리라.

이 소중한 마지막 날에 나는 무엇을 해야 할까? 우선, 나는 한 방울이라도 모래 위에 헛되이 흘리지 않도록 생명의 그릇을 밀봉할 것이다. 나는 어제의 불운, 어제의 패배, 어제의 가슴 아픈 상처를 슬퍼하는 데 오늘을 낭비하지 않을 것이다.

어제의 나쁜 일로 오늘의 좋은 일을 망칠 이유는 없지 않은가. 시간을 되돌릴 수 있을까? 해가 저문 자리에서 다시 떠올라 아침에 뜬 자리로 되돌아 갈 수 있을까? 어제 잘못한 일을 되살려

내어 옳게 바꿀 수 있을까? 어제 생긴 상처를 원래대로 복구할 수 있을까? 내가 어제보다 젊어질 수 있을까? 이미 쏟아버린 악담이나 날려버린 주먹을 다시 되돌릴 수 있을까?

그러지 못한다. 어제는 영원히 묻혀 버렸으므로 나는 이제 더 이상 어제에 대해 생각하지 않으련다.

나는 오늘이 마지막 날인 것처럼 살아가리라.

그러면, 이제 나는 무엇을 해야 하겠는가? 어제를 잊어버릴 뿐만 아니라 내일에 대해서도 생각하지 않으리라. 왜 불확실한 내일 때문에 오늘을 포기하겠는가? 내일의 시간이 오늘을 앞설 수 있겠는가? 아침에 해가 두 번씩 떠오를 수 없지 않은가? 내가 오늘의 시간 속에서 내일의 일을 해낼 수 있을 것인가? 오늘의 지갑 속에 내일 벌 돈을 미리 넣을 수 있을까? 내일의 죽음 때문에 오늘의 즐거움을 어둡게 만들 까닭이 있을까? 내가 보지도 못한 사건에 대해서 미리 걱정할 필요가 있을까? 아직 발생하지도 않은 문제를 가지고 내가 고통받아야만 하는가?

그렇지 않다. 내일은 어제와 마찬가지로 묻혀 있는 것이다. 나는 이제 더이상 내일에 대해 생각하지 않을 것이다.

나는 오늘이 마지막 날인 것처럼 살아가리라.

　오늘이 내가 가지고 있는 전부이며, 지금 이 시간이야말로 나에게는 영원이다. 나는 마치 사형을 면한 죄수와 같은 기쁨으로 오늘의 해가 떠오른 것을 찬양하리라. 두 팔을 들어 새날이라는 귀중한 선물에 감사하리라. 또한, 어제의 일출을 감사히 여겼으되 오늘은 살아 있지 못한 사람을 생각하면서, 감사한 마음을 가슴 깊이 새기리라.

　나는 정말로 운이 좋은 사람이다. 오늘의 시간은 덤으로 주어진 것이다. 나보다 더 뛰어난 사람도 떠났는데, 어찌하여 나에게 이 하루가 더 허락된 것일까? 나는 이룬 것이 없고 그들은 이미 목적을 달성했기 때문인가, 아니면 내가 되고자 하는 사람이 될 수 있도록 또 한 번 기회가 주어진 것일까? 자연에 어떤 목적이 있는 것일까? 어쨌든 오늘은 내가 더 뛰어난 사람이 될 수 있는 또 하루가 아닌가?

　나는 오늘이 마지막 날인 것처럼 살아가리라.

　나는 단 하나뿐인 인생을 살아가고 있으며, 인생은 초읽기와도 같다. 내가 한 시간을 허비하면, 그것은 다른 시간도 파괴하는 것이다. 만일 내가 오늘을 허비한다면, 내 인생의 마지막 페이지를 파괴하는 것이다. 그러므로 다시 돌아오지 않을 매 순간을 나는 소중히 여길 것이다. 시간은 내일 인출하기 위해 오늘 저축할 수 있는 것이 아니다. 누가 시간을 붙잡아 둘 수 있겠는가? 나는 오늘의 매 순간을 두 손으로 얼싸안고 사랑으로 애무하리라. 시간의 가치는 돈으로 따질 수 없을 만큼 소중하기 때문이다. 죽어가는 자가 그의 재산을 모두 내어준다고 순간이나마 삶을 더 연장할 수 있을까? 내 앞에 남아 있는 시간보다 더 중요한 것이 있을까? 나는 시간을 정말 값진 것으로 만들겠다.

나는 오늘이 마지막 날인 것처럼 살아가리라.

나는 시간을 낭비하는 일은 한사코 피하리라. 일을 미루는 행위는 나의 즉각적인 행동으로 없애리라. 의심은 나의 신념 밑에 묻어버리고, 두려움은 자신감으로 극복하리라. 게으른 입이 말하는 것이라면 듣지 않고, 게으른 손이 있는 곳이라면 얼쩡거리지 않으리라. 나는 이제 게으름이, 사랑하는 이들로부터 음식이나 옷 그리고 따스함을 훔치는 것과 다르지 않음을 알게 되었다. 나는 도둑이 아니다. 나는 사랑이 넘치는 사람이며, 오늘은 나의 사랑과 위대함을 증명할 수 있는 마지막 기회인 것이다.

나는 오늘이 마지막 날인 것처럼 살아가리라.

오늘의 일은 오늘에 다 완수하리라. 오늘 내 아이들이 아직 품 안에 있을 때 그들을 사랑해야 한다. 내일이면 아이들은 자라서 떠날 것이고, 나 또한 떠나갈 것이기 때문이다. 오늘 나는 달콤 한 키스와 함께 내 여인을 안아주어야 한다. 내일이면 그녀는 떠 날 것이고, 나 또한 그러할 것이기 때문이다. 오늘 내 도움이 필 요한 친구를 도와야 한다. 내일이면 그는 더이상 도움을 청하지 않을 것이고, 나 또한 그의 요청을 들을 수 없기 때문이다. 오늘 나는 나 자신을 희생하여 남을 도우리라. 내일이면 나는 줄 것이 없게 되고, 받을 사람 또한 사라질 것이기 때문이다.

나는 오늘이 마지막 날인 것처럼 살아가리라.

오늘이 정말 나의 마지막 날이라면, 오늘은 나의 가장 소중 한 순간인 것이다. 나는 오늘을 내 생애에서 가장 좋은 날이 되 게 하리라. 오늘의 모든 순간을 흠뻑 즐기리라. 나는 삶을 충분 히 맛보고, 감사히 여기리라. 나는 나에게 주어지는 모든 순간을 소중히 여겨, 그것을 값진 시간으로 바꾸리라. 이전보다 훨씬 더 열심히 일할 것이며, 내 몸이 쉬게 해달라고 소리칠 때까지 몸을 움직일 것이다. 이전보다 더 많은 고객을 방문하고, 더 많은 물 건을 팔 것이다. 그래서 이전보다 더 많은 돈을 벌 것이다. 오늘의 일 분을 어제의 한 시간보다 더 유익하게 보낼 것이다. 나의 마지막 날은 최고의 날이어야만 한다.

나는 오늘이 마지막 날인 것처럼 살아가리라.

그런데 정녕 오늘이 마지막 날이 아니라면, 나는 무릎을 꿇고 감사하리라.

제
13
장

여섯 번째 두루마리

이제 나는 내 감정의 지배자가 되리라.

밀물이 들어오는가 하면, 곧 썰물이 빠져나간다. 여름이 오는가 하면 가을이 오고, 다시 추위가 오는가 하면 다시 더위가 온다. 해는 뜨면 또 지고, 달도 차면 기운다. 철새가 날아오지만 머지않아 떠나간다. 꽃은 피었다가 곧 시들고, 땅에 떨어진 씨앗은 열매를 맺는다. 모든 자연이 순환의 굴레를 따라 끊임없이 변화하고, 나 또한 자연의 일부이다. 그러므로 나 역시 조수처럼 기분이 좋아지기도 하고 나빠지기도 한다.

이제 나는 내 감정의 지배자가 되리라.

매일 아침, 어제와는 다른 기분으로 눈을 뜨게 되는 것은 참으로 이해하기 어려운 자연의 속임수이다. 어제의 기쁨은 오늘의 슬픔이 되지만, 오늘의 슬픔은 내일의 기쁨으로 자라날 것이다. 내 안에는 슬픔에서 기쁨으로, 환희에서 낙담으로, 또는 우울에서 행복으로 계속 바뀌며 돌아가는 바퀴가 있다. 오늘은 기쁨의 꽃을 활짝 피우다가도 내일은 낙담하여 시들고 말지 모른다. 그러나 나는 오늘 죽는 꽃이 내일 피울 꽃의 씨앗이 됨을 알기에, 오늘의 슬픔을 다음 날 기쁨의 씨앗으로 받아들이리라.

이제 나는 내 감정의 지배자가 되리라.

어느 날, 기분이 좋지 않다면 나는 그날 장사에 실패할 것이다. 풀과 나무는 자연의 날씨에 좌우되지만, 나는 내 감정의 날씨를 나 스스로 만들고 이를 다른 사람에게 전하게 된다. 내가 고객들을 무뚝뚝함과 우울함, 어두움과 찌푸림으로 대한다면 그들 역시 무뚝뚝함과 우울함, 어두움과 찌푸림으로 반응하게 될 것이고, 아무 물건도 사지 않을 것이다. 그러나 내가 기쁨과 열정, 밝음 그리고 웃음을 고객들에게 전한다면 그들 또한 기쁨과 열정, 밝음 그리고 웃음으로 반응할 것이고, 내 마음의 날씨가 좋은 매상이라는 수확을 거두게 하여 내 창고는 금으로 가득하게 될 것이다.

이제 나는 내 감정의 지배자가 되리라.

그러면 하루하루를 생산적이고도 행복한 날이 되게 하기 위해, 나는 내 감정을 어떻게 지배할 것인가?

'약한 자는 감정에 행동이 끌려다닌다. 반면 강한 자는 행동으로 감정을 다스린다.'는 옛사람들의 지혜를 배울 것이다. 매일 눈을 뜰 때마다 나는 슬픔이나 자기연민, 실패의 감정에 사로잡히기 전에 이 지혜의 원리를 따르리라.

우울함을 느낄 때는 흥겨운 노래를 부르고,

슬픔이 느껴지면 큰 소리로 웃으리라.

아픔을 느낄 때는 두 배로 일하고,

두려움이 느껴지면 과감하게 돌진하리라.

열등감을 느낄 때는 새 옷으로 갈아입고,

무능력함이 느껴지면 지난날의 성공을 기억하리라.

가난함을 느낄 때는 다가올 부를 생각하고,

삶이 무의미하게 느껴지면 내 목표를 되새기리라.

이제 나는 내 감정의 지배자가 되리라.

나를 파괴할 수 있는 무서운 힘과 싸워야 할 날이 올 것이다. 절망과 슬픔 같은 것들이 나를 파괴할 수 있음은 익히 알고 있지만, 웃음과 우정의 손을 내밀며 접근해 오는 다른 것들 역시 나를 파멸시킬 수 있다는 점을 잊어서는 안 된다. 그들과 맞서기 위해, 감정의 통제를 절대 멈춰서는 안 된다.

자신감이 넘칠 때는 과거의 실패들을 회상하고,
평온함이 느껴질 때는 경쟁자들을 떠올리리라.
욕심이 과하다고 여겨질 때는 지난날의 굶주림을 생각하고,
위대하다고 생각될 때는 부끄러웠던 순간들을 기억하리라.
많은 돈을 벌었을 때는 굶주린 사람들을 돌아보고,
전능하다는 생각이 들 때는 불어오는 바람을 멈추려 애써보리라.
자만심에 들뜰 때는 약했던 순간들을 기억하고,
내 기술이 으뜸이라고 생각될 때는 하늘의 별들을 쳐다보리라.

이제 나는 내 감정의 지배자가 되리라.

이제는 이런 원리들을 새로 알았으니, 나는 내가 방문하는 모든 고객들의 기분을 이해하고 인정할 것이다. 자신의 마음을 통제하는 비밀을 모르는 고객이 분노하고 격분할지라도 그를 이해하리라. 내일이면 고객들이 마음을 바꾸어 가까이 갈 수 있을 만큼 즐거워하리라는 것을 나는 알고 있으므로 오늘 그들의 비난과 모욕을 견뎌 내리라.

이제 나는 더이상 단 한 번의 만남으로 사람을 판단하지 않으리라. 또한, 오늘 나를 미워했던 손님들이라 할지라도 나는 내일 다시 그들을 방문할 것이다. 그들이 오늘은 금마차를 단돈 1전에라도 사려 하지 않겠지만 내일은 단 한 그루의 나무를 자신의 집과 바꾸려 할 것이다. 이런 비밀은 부자가 되게 하는 내 성공의 열쇠이다.

이제 나는 내 감정의 지배자가 되리라.

이제는 나를 포함한 모든 인간이 가지고 있는 감정의 신비를 인정하고 이해할 것이다. 이 순간부터 나는 어떤 종류의 감정이 생겨나더라도 이를 다스릴 준비가 되어 있다. 나는 적극적인 행동으로 내 감정을 다스릴 것이며, 내 감정을 통제할 수 있게 되면 나는 나의 운명을 지배하게 될 것이다.

이제 나는 나의 운명을 지배할 수 있으며, 나의 운명이란 세상에서 가장 위대한 상인이 되는 것이다. 나는 나 자신의 주인이 되련다. 나는 위대한 사람이 될 것이다.

제
14
장

일곱 번째 두루마리

나는 웃으면서 세상을 살리라.

웃을 수 있는 동물은 인간밖에 없다. 들판의 짐승들은 고통과 배고픔으로 울부짖을 수 있지만, 웃을 줄은 모른다. 오직 인간만이 웃을 수 있는 능력을 부여받았고, 또한 원한다면 의도적으로 웃음을 사용할 수 있다. 이제부터 나는 웃는 습관을 들일 것이다.

웃으면 소화력이 증진된다. 웃으면 내 어깨의 짐이 덜 무겁게 느껴질 것이다. 그리고 웃으면 나는 더 오래 살 것이다. 웃음이야말로 장수의 비결이고, 이제 나는 웃고 삶으로써 장수하리라.

나는 웃으면서 세상을 살리라.

무엇보다도 일이 심각하게 느껴질 때 나는 웃을 것이다. 왜냐하면 이때처럼 인간이 우스꽝스럽게 보일 때도 드물기 때문이다. 절대 감정의 유희에 빠지지 않을 것이다. 내가 비록 자연의 가장 위대한 창조물일지언정 결국은 시간의 바람에 흩날리는 낟알에 불과하지 않겠는가? 내가 정녕 어디에서 왔으며, 어디로 가는지 알고 있는가? 오늘의 걱정거리를 십 년 후에 되돌아본다면 우습지 않겠는가? 왜 오늘의 사소한 일이 내 마음을 어지럽히게 내버려두는가?

나는 웃으면서 세상을 살리라.

그러나 울음을 터뜨리거나 저주를 퍼붓고 싶을 만큼 나를 괴롭히는 사람이나 행위를 보고 어찌 웃을 수 있겠는가?

'이 또한 다 지나가리라.'는 말이 내 입에 붙어 잔뜩 화가 날 때조차 이 말이 즉각 나오도록 훈련에 훈련을 더하리라. 조상 대대로 물려받은 이 말 한 마디가 모든 역경을 물리치고 삶의 균형을 이루도록 해줄 것이다.

세상의 일이란 다 지나가게 마련이다. 골치가 몹시 아플 때 다 지나가려니 하며 나 자신을 위안하리라. 내가 성공하여 우쭐거리릴 때도 다 지나간다고 나 자신에게 경고하리라. 가난에 얽매여 있을 때도 다 지나간다고 자신을 북돋울 것이며, 내가 많은 재산을 모았을 때도 다 지나간다고 나 스스로에게 말하리라. 정말 그렇다. 거대한 피라미드를 건축한 왕은 어디로 갔단 말인가? 결국 그도 바위 아래 묻히지 않았던가? 언젠가는 저 피라미드조차 모래 속으로 사라지지 않겠는가? 그렇게 모든 것이 다 지나가고 말진대, 어찌하여 오늘 근심에 싸여 있겠는가?

나는 웃으면서 세상을 살리라.

나는 웃음으로 오늘을 채색하리라. 나는 노래로 이 밤을 장식하리라. 나는 행복해지기 위해 일하기보다는 너무 바빠 슬플 여유가 없도록 땀을 흘리리라.

나는 오늘의 행복을 오늘 즐기리라. 그것은 궤짝 속에 저장할 수 있는 씨앗이 아니며, 항아리에 보관할 수 있는 포도주가 아니다. 행복은 내일을 위해 저장할 수가 없다. 그것은 오늘 뿌려서 오늘 거두어야 하는 것이고, 나는 그렇게 하리라.

나는 웃으면서 세상을 살리라.

웃음은 모든 것을 적당한 크기로 조절해준다. 실패했을 때 웃음은 그 실패를 새로운 희망 속으로 사그라지게 할 것이다. 성공했을 때 웃음은 그 성공의 거품을 빼고 실제의 가치만큼만 인식하도록 해줄 것이다. 악담을 듣고도 웃는다면 그것은 미처 힘을 발휘하지도 못하고 없어져 버릴 것이다.

나의 미소가 다른 사람의 미소를 자아낼 수 있을 때 비로소 매일매일을 승리의 날로 장식할 수 있으리라. 실리적인 이유에서라도 나는 그렇게 하리라. 내가 얼굴을 찌푸린다면 어느 누가 나의 물건을 사 가겠는가?

나는 웃으면서 세상을 살리라.

이제부터 나는 수고의 눈물만을 흘리리라. 시장에서 슬픔이나 후회, 좌절의 눈물을 흘려봐야 아무런 소용이 없다. 반면에 미소는 황금을 낳고, 진심에서 나온 따스한 말 한 마디 한 마디는 성을 쌓게 해주리라.

나 자신이 지나치게 중요하고, 지나치게 현명하고, 지나치게 위엄 있고, 그래서 지나치게 영향력이 있도록 내버려두지 않을 것이다. 그렇게 되면, 나는 웃으면서 살아가는 방법을 잊어버릴 것이기 때문이다.

나는 항상 어린아이와 같은 마음으로 지내리라. 어린아이 같아야만 다른 사람을 우러러볼 수 있다. 또한 다른 사람을 우러르는 마음을 갖고 있어야만 너무 잘난 어른으로 커 버리지 않을 것이다.

나는 웃으면서 세상을 살리라.

웃음은 자연의 가장 큰 선물 중 하나이며, 그 선물을 헛되이 버리지 않는다면 바로 기쁨의 원천이 된다. 웃음과 기쁨이 있어야만 진정으로 성공했다고 할 수 있다. 웃음과 기쁨이 있어야만 노동의 성과를 즐긴다고 할 수 있다. 기쁨이란 식사 때 미각을 살려주는 포도주 같은 것이어서 기쁨이 없다면 차라리 실패하는 편이 낫다. 성공을 즐기기 위해서는 기쁨이 곁들여져야 하고, 웃음은 나의 충실한 하녀인 셈이다.

나는 기쁨을 얻으리라. 나는 성공하리라. 나는 일찍이 본 적 없는 위대한 상인이 되리라.

오늘 나는 나의 가치를 수백 배 더 키우리라.

사람의 손길로 뽕잎은 비단이 된다. 사람의 손길로 진흙은 성이 된다. 사람의 손길로 사이프러스 나무는 신전이 되고, 또한 사람의 손길로 한 줌의 양털은 왕의 의복이 된다. 사람들이 뽕잎이나 진흙, 나무, 양털의 가치를 백 배, 천 배로 높일 수 있다면, 내 이름이 붙은 진흙을 팔아 나의 가치를 키우는 일 역시 가능하지 않겠는가?

오늘 나는 나의 가치를 수백 배 더 키우리라.

나는 세 가지 운명 중의 하나와 직면하게 될 밀알이다. 밀알은 부대에 담겨 우리 속 돼지의 먹이가 될 수 있다. 가루로 빻아져 빵이 될 수도 있다. 또는 땅에 뿌려져 황금빛 이삭으로 자라나 수천 개의 낟알을 만들 수도 있다.

그러나 나에게는 밀알과는 한 가지 다른 점이 있다. 밀알은 돼지에게 먹히거나 빵이 되거나 땅에 뿌려지는 것을 선택할 수 없다. 그러나 내게는 선택권이 있다. 그러므로 나는 내 삶이 욕심 많은 돼지에게 먹히거나, 실패와 절망의 맷돌에 갈려 사람들에게 뜯어 먹히도록 하지 않으련다.

오늘 나는 나의 가치를 수백 배 더 키우리라.

한 톨의 밀알을 키워 몇 배로 늘리기 위해서는 밀알을 옥토에 심어야 한다. 그런데 나의 실패, 절망, 무지, 그리고 무능력 등이야말로 내가 뿌려질 옥토이다. 하나의 씨앗이 싹트고 꽃을 피우려면 비와 태양과 따뜻한 바람이 필요하듯, 내 꿈을 이루기 위해서는 나의 몸과 마음에 영양분을 주어야만 한다. 그러나 완전히 자라기 위해 자연의 변덕에 내맡겨지는 밀알과는 달리 나에게는 내 운명을 선택할 수 있는 힘이 있다.

오늘 나는 나의 가치를 수백 배 더 키우리라.

그렇다면 이 목표를 어떻게 달성할 것인가? 우선 나는 하루, 한 주, 한 달, 그리고 일 년 단위로 계획을 세우고, 나아가 내 인생 전체의 목표를 세우리라. 목표를 정할 때는 과거의 가장 높은 성과를 고려하여 그것의 백 배로 기준을 삼으리라. 이것이 곧 미래에 내가 살아갈 기준이 될 것이다. 나의 목표가 아무리 높다 하여도 걱정하지 않으리라. 나의 창이 한 마리 독수리를 겨냥하다가 바윗돌에 빗맞는 것보다는 차라리 저 하늘의 달을 겨냥하여 한 마리의 독수리를 맞추는 편이 낫지 않겠는가?

오늘 나는 나의 가치를 수백 배 더 키우리라.

목표에 도달하기 전에 거듭 넘어진다 해도 그 높이에 기죽지 않으리라. 넘어지면 다시 일어나고 나의 실패에 절망하지 않을 것이다. 목표에 도달하려면 누구나 여러 번 넘어져야 한다. 오직 벌레들만이 넘어지는 두려움으로부터 자유롭다. 그러나 나는 벌레이고 싶지 않다. 나는 인간이다. 다른 사람들이 그들의 진흙으로 그저 작은 토굴이나 지을 때, 나는 나의 진흙으로 성을 쌓으리라.

오늘 나는 나의 가치를 수백 배 더 키우리라.

태양이 땅을 데워 밀알의 새싹이 돋아나게 하듯이, 이 두루마리의 말들은 나의 삶을 북돋우고 내 꿈들이 현실로 이루어지게 해줄 것이다. 오늘은 어제의 모든 행동을 능가하리라. 나의 모든 능력을 발휘하여 오늘의 산에 오르리라. 그러나 내일은 오늘보다 더 높은 산에 오르고, 그다음 날은 내일보다 더 높은 산에 오르리라. 다른 사람들의 업적보다 앞서는 것은 중요하지 않다. 나 자신의 업적을 능가하는 것이 중요하다.

오늘 나는 나의 가치를 수백 배 더 키우리라.

따뜻한 바람이 밀알을 성숙시키듯, 잔잔한 솔바람은 내 얘기를 듣고자 하는 사람들에게 나의 목소리를 전해줄 것이다. 나는 나의 목표를 만천하에 공표하리라. 일단 말이 입 밖으로 나오면, 체면 때문에라도 다시금 주워 담지 못할 것이다. 비록 모든 사람이 나의 말을 비웃을지라도, 나는 스스로 전도자가 되어 나의 계획을 말하고, 나의 꿈을 전파하리라. 그리하면, 그 말들을 실천할 때까지 나는 달아날 수가 없게 된다.

오늘 나는 나의 가치를 수백 배 더 키우리라.

나는 목표를 낮게 잡는 서투른 잘못을 범하지 않으리라. 나는 항상 내 손이 닿는 곳보다 높은 곳에 목표를 두리라. 그리고 시장에서의 내 업적에 결코 만족하지 않으리라. 나는 목표를 이루고 나면 금세 그보다 더 높은 목표를 세우리라. 또한 지금보다 다음 순간을 더 좋게 만들기 위하여 항상 노력할 것이다.

나는 항상 나의 목표를 세상에 알리리라. 그러나 결코 나의 성취에 대해 떠벌리지 않으리라. 대신에, 세상 사람들이 나의 업적에 대해 칭찬하게끔 하리라. 그리고 나는 그 칭찬을 겸허하게 받아들이는 지혜를 배우리라.

오늘 나는 나의 가치를 수백 배 더 키우리라.

하나의 밀알이 백 배로 늘어나 백 개의 줄기를 이루어 낸다. 그리고 이것이 다시 수백 배로 증가하여 세상 사람들을 먹여 살린다. 밀알 하나가 이러할진대, 내가 어찌 하나의 밀알보다 못하겠는가?

오늘 나는 나의 가치를 수백 배 더 키우리라.

그리고 그 일이 이루어지면, 또 하고, 또다시 하리라. 그리하여 이 두루마리에 있는 말들이 나로 인해 이루어지게 되면, 세상은 나의 위대함에 놀라게 될 것이다.

이제 나는 실천하리라.

내가 실행에 옮기지 않는다면 나의 꿈은 무의미하고, 나의 계획은 쓰레기와 같으며, 나의 목표는 달성할 수 없다.

아무리 정교하고 세밀한 지도가 있다 해도 그것만으로는 한 치의 땅도 얻을 수 없다. 아무리 공정하게 성문화된 법이 있다 해도 그것만으로는 단 한 건의 범죄도 예방할 수 없다. 내가 이런 두루마리를 가지고 있다 해도 그것만으로는 한 푼의 돈을 벌 수도, 한 마디의 칭찬을 들을 수도 없다.

오로지 실천만이 지도와 법, 두루마리, 그리고 나의 꿈, 나의 계획, 나의 목표를 발화시켜 생명력을 불어넣을 수 있다. 실천은 나의 성공에 영양을 공급하는 물과 음식인 셈이다.

이제 나는 실천하리라.

나를 뒤로 물러나게 했던 주저하는 행동들은 두려움에서 생겨나는 것이다. 그런데 아무리 용기 있는 사람이라도 그 마음속 깊은 곳에는 두려움이 있다는 것을 알게 되었다. 두려움을 정복하기 위해서는 주저 없이 행동으로 옮겨야 한다. 실천만이 사자에게 느끼는 두려움을 개미의 침착함으로 바꿔줄 수 있다는 것을 깨닫게 되었다.

이제 나는 실천하리라.

이제부터 나는 날갯짓을 할 때만 빛을 발하는 반딧불의 교훈을 기억하리라. 나는 반딧불이 되어, 태양이 빛나고 있는 낮에도 나의 불빛이 꾸준히 보이게 하리라. 다른 사람들이 나비처럼 날개를 치장하고 꽃들의 자선을 구하러 날아다닐 때, 나는 반딧불이 되어 세상을 밝히리라.

이제 나는 실천하리라.

나는 오늘의 일을 피하지 않으며 그것을 내일로 미루지도 않으리라. 내일이란 없다는 것을 알기 때문이다. 지금의 내 행동이 행복과 성공을 가져다주지 않는다 해도 나는 지금 실천하리라. 실천하지 않고 빈둥거리느니 실천하고서 실패하는 쪽이 낫다고 생각하기 때문이다. 어쩌면, 행복은 나의 행동으로 얻을 수 있는 열매가 아닐지도 모른다. 그러나 행동으로 옮기지 않는다면 모든 성공의 열매는 포도나무 위에서 말라 죽고 말 것이다.

이제 나는 실천하리라.

이제부터 나는 이 말을 매시간, 매일 반복하고 또 반복할 것이다. 그리하여 실천은 마치 숨을 쉬는 것처럼 나의 습관이 되고, 눈을 깜빡이는 것처럼 나의 본능이 되어야 할 것이다.

이제 나는 실천하리라.

나는 이 말을 반복하고 또 반복하리라. 다른 실패자들이 한 시간 더 잠을 청하고 있을 때 나는 이 말을 되뇌며 침대를 박차고 일어나리라.

이제 나는 실천하리라.

다른 실패자들이 시장에서 거절당하지 않을까 걱정하고 주저

할 때 나는 이 말을 되뇌며 과감히 첫 번째 고객과 마주하리라.

이제 나는 실천하리라.

다른 실패자들이 고객의 닫힌 문을 보고 당황하고 두려워 망설일 때 나는 이 말을 되뇌며 거침없이 문을 두드리리라.

이제 나는 실천하리라.

오늘의 거래를 포기하고 내일 다시 시작하자는 유혹이 눈뜰 때 나는 이 말을 되뇌며 거래를 성사시키도록 즉각 행동을 취하리라.

이제 나는 실천하리라.

오직 행동만이 시장에서 나의 가치를 결정해준다. 나는 나의 가치를 배가시키기 위해 행동을 배가하리라.

게으른 자들이 두려워하는 곳도 나는 걸어가리라. 게으른 자들이 쉬려고 할 때 나는 일하리라. 게으른 자들이 머뭇거릴 때 나는 말을 건네리라. 그리고 게으른 자들이 고객 한 사람을 찾아가기 위해 거창한 계획을 세우는 동안에 나는 내 물건을 살 수 있는 열 사람을 찾아가리라. 게으른 자들이 너무 늦었다고 말할 때 나는 이미 완수했노라고 말하리라.

이제 나는 실천하리라.

왜냐하면 여기 이 순간이 내가 가진 전부이기 때문이다. 내일은 어쩌면 게으른 자들에게 평안이 예비된 날일지 모른다. 그렇지만 어쨌든 나는 게으르지 않으리라. 내일은 어쩌면 악이 선으로 바뀔지도 모른다. 그렇지만 어쨌든 나는 사악하게 행동하지 않으리라. 내일은 어쩌면 약한 것이 강한 것으로 바뀔지도 모른다. 그렇지만 어쨌든 나는 약하게 굴지 않으리라. 내일은 어쩌면 실패가 성공으로 바뀔지도 모른다. 그렇지만 어쨌든 나는 실패하는 행동을 하지 않으리라. 나는 내일까지 기다릴 이유가 없다.

이제 나는 실천하리라.

사자는 굶주리면 사냥을 한다. 독수리도 목마르면 물을 마신다. 행동하지 않는다면 그들은 아마 곧 죽을 것이다. 나는 성공에 굶주려 있다. 그리고 행복과 마음의 평화에 목말라 있다. 내가 행동하지 않는다면 아마도 나는 실패와 불행 그리고 마음의 고통으로 죽게 되리라. 나는 스스로에게 명령하고 그 명령에 스스로 복종할 것이다.

이제 나는 실천하리라.

성공은 절대 기다려 주지 않는다. 내가 실행을 미룬다면 성공은 곧바로 다른 사람에게 넘어가고 나로부터 영영 떠나갈 것이다.

　지금이 바로 그 때이다.

　여기가 바로 그 자리이다.

　그리고 내가 바로 그 사람이다.

　이제 나는 실천하리라.

열
번
째　두
루
마
리

커다란 재앙이나 심적 고통을 받을 때조차 신을 찾지 않을 만
큼 믿음이 없는 사람이 있을까? 경험과 상식으로는 도저히 이해
할 수 없는 신비로운 일, 위험, 죽음 등과 마주치게 되었을 때도
신을 찾지 않는 사람이 있을까? 위급한 순간에 모든 피조물의
입으로부터 튀어나오는 그 본능적인 외침은 도대체 어디서 오는
것일까?

　사람의 눈앞에 갑자기 손을 들이대면 그는 눈을 깜빡인다. 무
릎관절을 톡 때리면 다리가 위로 올라간다. 어둡고 음산한 곳에

서 누군가와 마주치게 되면 자신도 모르게 "오, 하느님!" 하고 외친다. 지구상에 사는 동물은, 인간을 포함하여 모두가 도움을 구하는 본능을 가지고 있다. 왜 우리가 이런 본능을 가지게 되었을까?

우리의 외침에 응답해주는 초월적인 힘이 존재하지 않는다면, 자연의 법칙이 지배하는 이 세상에서 새나 양, 나귀나 인간에게 도움을 청하는 외침의 본능이 주어지지 않았을 것이다. 자연의 위대한 신비를 알아채기 위해 나의 삶이 반드시 신앙심으로 가득찰 필요는 없다. 그렇지만 도움을 구하는 외침은 일종의 기도가 아닐까?

이제부터 나는 기도를 하리라.

그러나 나의 기도는 도움을 구하는 것이 아니라 단지 인도를 바랄 뿐이다. 세상의 물질적인 것을 구하기 위해 기도하지 않으리라. 나는 음식을 가져다 달라고 하인을 부르지 않을 것이다. 여관주인에게 내게 방을 내달라고 명령하지 않을 것이다. 재산이나 사랑, 건강, 승리, 명성, 성공 또는 행복을 내 앞에 가져다 달라고 요구하지 않으리라. 단지 이런 것들을 얻기 위한 길을 인도해 달라고 기도할 것이다. 하느님은 나의 간구를 들어주실 수도 있고, 들어주지 않을 수도 있다.

그런데 사실, 이 둘 모두가 기도의 응답이 아닐까? 아이가 부모에게 빵을 달라고 하였는데 아직 준비되지 않았다고 한다면 그 부모는 응답하지 않은 것이라고 말하겠는가?

나는 인도를 위해 기도할 것이다. 그리고 상인으로서 다음과 같이 기도할 것이다.

모든 사물의 창조주여. 저를 도와주옵소서.

오늘은 제가 발가벗고 홀로 세상에 나아가는 날입니다.

저를 인도하는 당신의 손길이 없다면 저는 성공과 행복에 도달하는 길에서 벗어나 방황하게 될 것입니다.

저는 금이나 옷이나 심지어 저의 능력에 합당한 기회도 바라지 않습니다. 다만 저의 기회에 합당한 능력을 획득할 수 있도록 인도해 주옵소서.

당신은 사자와 독수리에게 이빨과 발톱으로 사냥하고 번성하는 법을 가르쳐 주셨습니다.

저에게 말로 사냥하고 사랑으로 번성하는 법을 가르쳐 주옵소서. 그리하여 제가 인간 가운데 사자가 되고, 시장에서는 독수리가 될 수 있게 해 주옵소서.

난관과 실패에 봉착하더라도 겸허하게 받아들일 수 있도록 도와 주옵소서.

그러나 승리와 함께 오는 포상에 저의 눈이 멀게 하지 마옵소서.

다른 사람들이 실패했던 일들을 저에게 주옵소서.

그러나 그들의 실패로부터 성공의 씨앗을 끄집어낼 수 있도록 저를 인도하여 주옵소서.

저의 기백을 단련할 수 있도록 두려움과 직면하게 하옵소서.

그러나 저의 불안을 웃어넘길 수 있도록 용기를 주옵소서.

제 목표에 도달할 수 있도록 충분한 날을 주옵소서.

그러나 오늘이 마치 마지막 날인 것처럼 살게 해 주옵소서.

저의 말이 결실을 맺을 수 있도록 해 주옵소서.

그러나 험담을 통해 남을 중상하지 않도록 인도해 주옵소서.

끊임없이 노력하는 습관을 길러 주옵소서.

그러나 치우치지 않고 중도의 길로 가도록 인도해 주옵소서.

기회에 민감하게 해 주옵소서.

그러나 전력을 기울일 수 있는 인내심도 길러 주옵소서.

좋은 습관이 몸에 배어 나쁜 습관이 사라지게 해 주옵소서.

그러나 다른 사람의 약한 면을 보면 동정심을 가지도록 해 주옵소서.

모든 것은 다 지나가 버린다는 것을 깨닫도록 해 주옵소서.

그러나 오늘의 축복도 헤아릴 수 있게 도와주옵소서.

이 모든 것들이 다 당신의 뜻에 달렸습니다.

저는 포도나무에 달려 있는 작고도 외로운 포도송이입니다.

당신은 저를 다른 것들과 다르게 만들어 주셨습니다.

저를 위한 합당한 곳이 있을 것입니다.

저를 인도해 주옵소서. 저를 도와주옵소서.

저의 길을 밝혀 주옵소서.

당신의 선택을 받고, 세상이라는 포도밭에 싹을 틔우도록

저라는 씨가 뿌려졌습니다.

당신이 뜻하신 바대로 이루어지도록 저를 인도하여 주옵소서.

이 보잘것없는 상인을 굽어 살피옵소서.

저를 인도해 주옵소서.

제
18
장

하피드는 쓸쓸한 궁전에서 두루마리를 받게 될 다음 사람을 기다리며 나날을 보내고 있었다. 그는 믿음직한 집사인 에라스무스를 벗삼아 계절이 오가는 것을 지켜볼 뿐, 이제는 노쇠하여 그의 정원에 조용히 앉아 있는 것 외에 별달리 할 일이 없었다.

모든 재산을 처분하고 그의 상업왕국을 해체한 이후로 3년을 더 기다렸다. 그러던 어느 날, 사막의 동쪽에서 마르고 초라한 낯선 사람이 나타나더니 다마스쿠스로 들어서서는 길을 따라 곧장 하피드의 궁전으로 향했다. 평소 예의 바름의 화신과도 같은 에라스무스였지만 이번만큼은 방문자가 "주인과 말씀을 나누고 싶습니다."라고 몇 번이나 말하는데도 단호하게 대문을 막고 서 있었다.

그 낯선 사내의 행색은 문을 열어줄 만큼 신뢰를 주는 모습이 아니었다. 신발은 낡아 끈으로 묶여 있었고 그의 다리는 찢기고 긁히고 멍든 상처투성이였으며, 몸에는 헐렁하고 다 떨어진 낙타털 누더기를 걸치고 있었다. 그의 긴 머리칼은 뒤엉켜 있었고 충혈된 두 눈은 마치 속에서부터 불이 타오르고 있는 듯 보였다.

에라스무스는 문고리를 단단히 잡고 말하였다.

"무엇 때문에 주인님을 만나려고 하시오?"

그 낯선 사내는 자기 보따리를 땅 위에 내려놓고 두 손을 기도하듯 모으고는 에라스무스에게 애원했다.

"제발, 주인과 말씀 좀 나누게 해 주십시오. 저는 그를 해치거나 도움을 청하러 온 것이 아닙니다. 주인께 꼭 여쭐 말이 있어 왔습니다. 만일 주인님의 기분을 상하게 한다면 그 즉시 떠나겠습니다."

에라스무스는 아직 확신이 안 생긴 듯 천천히 문을 열고는 돌아보지도 않고 정원으로 걸어 들어갔고, 방문객은 절룩거리면서 그 뒤를 따랐다. 정원에서는 하피드가 긴 의자에 비스듬히 앉아 졸고 있었다. 에라스무스는 그 앞에서 잠시 머뭇거렸다. 에라스무스가 헛기침을 하자 하피드는 몸을 뒤척였다. 그가 다시 기침을 하자 하피드는 눈을 떴다.

"주무시는데 죄송합니다, 주인님. 저…… 주인님을 찾는 손님이 왔습니다만……."

하피드는 이제는 어느 정도 잠을 깨고 일어나 앉아 방문자에게 눈을 돌렸다. 낯선 사내는 인사를 하고 말했다.

"어르신이 세상에서 가장 위대한 상인이라 불리는 분이십니까?"

하피드는 얼굴을 찌푸리고는 고개를 끄덕였다.

"전에는 그렇게들 불렀소. 하지만 그 왕관은 이제 더이상 이 늙은이의 머리 위에 없다오. 그런데 나를 찾아온 용건은 무엇이오?"

그 낯선 방문자는 하피드 앞에서 확신에 찬 모습으로 양손을 자신의 거적 옷에 문질렀다. 그는 정원의 부드러운 빛에 눈을 깜박이며 대답했다.

"저는 사울이라 하고, 예루살렘에서 제 고향인 타르수스로 돌아가는 길입니다. 주인님께 청하옵건대 저의 외모로 절 평가하지 말아 주십시오. 저는 광야의 도둑도 아니고 거리의 거지도 아닙니다. 저는 타르수스의 시민이며 또한 로마의 시민이기도 합니다. 저는 유대 베냐민 지파의 바리새인입니다. 비록 천막을 만들어 먹고살지만, 저는 훌륭하신 가말리엘 선생님의 문하생이었습니다. 어떤 이는 저를 바울이라 부르지요."

그는 말을 하면서 조금씩 움직거렸다. 그때까지 잠에서 완전히 깨지 못했던 하피드는 미안한 듯 손님에게 앉으라는 손짓을 했다. 바울은 고개를 끄덕였지만 여전히 서 있었다.

"전 오직 어르신만이 줄 수 있는 도움과 인도를 받으러 왔습니다. 허락하신다면 저의 이야기를 들려드리고 싶습니다."

에라스무스는 낯선 이의 등 뒤에서 강하게 머리를 내저었으나 하피드는 짐짓 못 본 척하였다. 그는 자신의 잠을 깨운 낯선 사람을 찬찬히 살펴보고는 고개를 끄덕였다.

"나는 너무 늙어서 댁을 계속 올려다볼 수가 없구려. 거기 발 아래 앉아 얘기하면 내 끝까지 들어드리리다."

바울은 자신의 보따리를 한쪽으로 치우고 조용히 말을 기다리는 노인 곁에 구부리고 앉았다.

"지금으로부터 4년 전, 저는 지식을 위한 공부만 너무 오래한 탓에 진실을 보는 눈이 멀어 버렸습니다. 저는 예루살렘에서 스데반이라는 선지자가 돌에 맞아 죽은 사건의 공식 증인이었습니다. 그 사람은 우리의 하느님을 모독한 죄로 유대 산헤드린 공회에서 처형당했습니다."

하피드는 당황한 목소리로 그의 말을 막았다.

"그 일이 나와 무슨 관련이 있는지 잘 이해가 안 되는구려."

바울은 마치 노인을 진정시키려는 듯이 손을 들었다.

"이제 빨리 설명해 드리겠습니다. 스데반은 예수라고 불리는 사람의 추종자입니다. 예수는 스데반의 사건이 있기 약 1년 전 반역죄로 로마인들에게 붙들려 십자가에 못 박혔습니다. 스데반은 예수가 유대의 선지자들이 예언한 바로 그 메시아이며, 공회가 로마와 함께 하느님의 아들을 죽이려고 음모하였다고 주장했습니다. 이런 반역죄는 오직 죽음으로 처벌받아야 했고 그 처형을 저도 지켜보았습니다. 저 역시 그의 죽음을 마땅하게 여겼던 것입니다. 그 후에 저는 공회의 대제사장에게 공문을 받고는 광신적 믿음과 젊은 혈기에 차서, 예수의 추종자들을 예루살렘으로 잡아가려고 여기 다마스쿠스까지 오게 되었습니다. 이것이,

아까 말씀드렸듯이, 4년 전의 일입니다."

에라스무스는 하피드의 얼굴을 쳐다보고는 깜짝 놀랐다. 왜냐하면 주인의 눈빛은 그가 수년 동안 보지 못했던 모습이었기 때문이다. 정원에서는 분수대의 물 떨어지는 소리만이 정적을 깨고 있었다. 바울은 이야기를 계속했다.

"살기가 등등하여 다마스쿠스에 거의 다다랐을 때 하늘에서 갑작스런 섬광이 비쳤습니다. 저는 무엇에 맞은 듯 땅에 떨어져 엎드려 있었고 아무것도 볼 수가 없었습니다.

그런데 저의 귀에 한 음성이 들려왔습니다. '사울아, 사울아, 네가 어찌하여 나를 핍박하느냐?'

저는 물었습니다. '주여, 뉘시오니까?'

그러자 그 음성이 대답하였습니다. '나는 네가 핍박하는 예수니라. 너는 일어나 성으로 들어가라. 행할 것을 네게 이를 자가 있느니라.'

저는 일어나 동료의 손에 이끌려 다마스쿠스로 들어왔습니다. 십자가에 못 박혀 돌아가신 분을 추종하는 사람의 집에서 사흘 머무르는 동안 저는 아무것도 먹거나 마실 수가 없었습니다. 그때 아나니아라는 사람이 저에게 왔으며 그는 환상 중에 불리어 저에게 오도록 지시받았다고 했습니다. 그가 손을 저의 눈에 올려놓고 안수하자 다시 볼 수 있게 되었습니다. 그러고 나서 저는 먹고 마실 수 있게 되었으며 건강도 회복이 되었습니다."

하피드는 의자 앞으로 몸을 구부리고 물었다.

"그래서 어떻게 되었습니까?"

"저는 즉시 회당에 나갔는데 예수의 추종자들을 핍박하던 제가 그곳에 나타나자 모두들 두려움에 떨었습니다. 그럼에도 불구하고 어쨌든 저는 설교를 했고, 십자가에 못 박혀 돌아가신 분이 바로 하느님의 아들이라는 제 설교에 그들은 혼란스러워했습니다. 저의 설교를 듣고 있던 사람들은 제가 그들을 잡아가려고 속임수를 쓰고 있지 않나 의심도 하였습니다.

시간이 지남에 따라 저는 점차 힘을 얻게 되었고, 예수가 바로 구세주임을 전파하자 다마스쿠스에 사는 유대인들은 불쾌한 나머지 저를 죽이려고 음모를 꾸몄습니다. 그 바람에 저는 담을 넘어 도망쳐 나와 예루살렘으로 돌아갔습니다.

예루살렘에서도 다마스쿠스에서 있었던 것과 같은 일이 반복되었습니다. 유대인들은 저를 미워하였고 예수의 추종자들은 저를 의심하였습니다. 저는 예수의 이름으로 전도를 계속하였지만, 헛수고였습니다. 제가 설교하는 모든 곳에서 저의 말은 반감만 살 뿐이었습니다. 그러던 어느 날, 제가 성전 마당에서 제물로 쓰일 비둘기와 양들이 팔려나가는 것을 바라보고 있을 때 그 음성이 다시 들려왔습니다."

"이번에는 무슨 말을 하시던가요?"

에라스무스는 자기도 모르게 불쑥 물어보았다. 하피드는 미소를 머금으며 에라스무스를 바라보고는 바울에게 계속하라고 고개를 끄덕였다.

"그 음성이 말하길, '네가 거의 4년 동안 말씀을 전파했으나 빛을 본 사람은 많지 않다. 하느님의 말씀조차도 사람들에게 팔아야 하는 것이다. 그러지 않으면 아무도 듣지 않을 것이다. 내가 모든 사람이 이해할 수 있도록 비유를 통해 말하지 않더냐? 식초를 가지고는 파리를 잡을 수 없느니라. 다마스쿠스로 돌아가서 세상에서 가장 위대한 상인이라 불리는 사람을 찾도록 하여라. 네가 나의 말을 세상에 알릴 수 있도록 그가 네게 방법을 일러주리라.'고 하셨습니다."

하피드는 얼른 에라스무스를 쳐다보았다. 말로 묻지는 않았지만 그 늙은 집사도 하피드의 물음이 무엇인지 감지하였다. 이 사람이야말로 하피드가 그렇게 오랫동안 기다려 온 사람이 아닌가? 위대한 상인은 몸을 앞으로 숙이며 바울의 어깨에 손을 올려놓았다.

"내게 예수에 대해 말해주구려."

바울은 이제 생기 있고 좀 더 큰 목소리로 예수와 그의 생애에 대해 이야기하기 시작했고, 둘은 귀 기울여 들었다. 바울은 유대인들이 그들을 통합하여 행복하고 평화로운 독립된 왕국을 건설할 메시아를 오랫동안 기다려 왔다는 것과 세례 요한이 기록에 예언된 바대로 예수가 곧 오실 것임을 전파하였다는 것을 설명한 다음 예수가 오신 일과 그가 행한 기적들, 대중에게 전하시던 설교와 죽은 자를 다시 살리신 일, 성전을 청결하게 하신 사건과 십자가에 못 박혀 돌아가신 일, 그리고 매장과 부활 등에 관해 말하였다.

마지막으로 그는 그의 이야기에 생동감을 주려는 듯, 옆에 있던 보따리를 풀어 붉은 옷을 한 벌 꺼내고는 하피드의 무릎 위에 올려놓았다.

"어르신! 어르신은 지금 예수께서 세상에 유일하게 남겨 놓으신 물건을 보고 계십니다. 예수께서는 그분이 갖고 계시던 모든 것을 사람들에게 나누어주셨습니다. 자신의 생명까지도 말입니다……. 그의 십자가 밑에서 로마 군병들은 이 옷을 서로 차지하려고 제비를 뽑았습니다. 제가 지난번 예루살렘에 갔을 때 이 옷을 손에 넣기 위해 갖은 애를 다 썼습니다.”

피로 얼룩진 그 옷을 보자 하피드의 얼굴은 창백해지고 그의 손은 심하게 떨렸다. 에라스무스는 주인의 표정에 놀라 하피드에게 더욱 가까이 다가갔다. 하피드는 옷을 뒤적거리다 옷단 안쪽에 수놓인 작은 별을 발견하였다. 톨라의 상표…… 톨라가 만들고 파트로스가 팔았던 옷. 그리고 작은 별 옆의 네모 속에 하나의 원이 수놓여 있었다. 바로 파트로스의 상표였다.

하피드는 바울과 에라스무스가 보고 있는 것도 아랑곳하지 않고 옷을 들어 조심스럽게 자기 뺨에 비벼댔다. 하피드는 고개를 저었다. ‘불가능해.’ 파트로스의 전성시대에 수천 벌의 옷이 톨라에 의해 만들어졌고, 거대한 파트로스의 판매망을 통해 팔려나갔다.

그는 옷을 껴안은 채 목이 멘 소리로 속삭이듯 말하였다.

“예수의 탄생에 대해 말해주구려.”

바울이 말했다.

"예수는 이 세상에 거의 남긴 것 없이 떠나셨지만, 오실 때는 그보다 더 초라하게 오셨습니다. 그는 베들레헴의 작은 마구간에서 태어나셨습니다."

두 사람의 눈에는 미소 짓는 하피드가 마치 어린아이 같아 보였으나, 그의 주름진 뺨을 타고 흐르는 하염없는 눈물에 또한 어찌할 바를 몰라 바라보고만 있었다. 하피드는 손등으로 눈물을 훔치며 물었다.

"이 아이가 태어나던 곳에 전에는 누구도 볼 수 없던 밝은 별이 빛나고 있었다고 하지 않던가요?"

입을 열었으나 바울은 아무 말도 할 수 없었다. 아니, 그럴 필요도 없었다. 하피드는 두 팔을 들어 바울을 끌어안았다. 이번에는 두 사람의 눈물이 함께 범벅이 되었다.

마침내 노인은 일어나 에라스무스에게 가까이 오라고 손짓을 했다.

"믿음직한 친구여, 어서 탑으로 올라가서 궤짝을 가지고 오게나. 마침내 우리의 위대한 상인을 찾은 듯싶으이."

20년이 지나 다시 이 책을 옮기면서

정확히 20년 전에 이 책을 번역하였다. 당시 십대이던 내 두 아들과 또래의 청소년들에게 삶의 지침을 삼으라며 번역한 책이다. 그런데 입에서 입으로 전해져 남녀노소를 막론하고 폭넓게 읽히는 책이 되었다. 이 책이 왜 그리 사랑받게 되었을까?

"누구나 무언가를 팔면서 산다Everyone lives by selling something." 이 말은《보물섬》《지킬 박사와 하이드》등을 집필한 로버트 루이스 스티븐슨Robert Louis Stevenson이 남긴 명언이다. 물건을 파는 세일즈맨뿐만이 아니라, 세상 그 어떤 이도 매 순간 자신의 지식이나 의술, 손재주, 예술적 끼, 감성, 하물며 좋은 인상까지 팔고 있는 셈이니, 기왕이면 제대로 팔라는 말로 풀이된다.

그렇다면 역사상 가장 위대한 상인, 가장 성공적인 세일즈맨은 누구였을까? 또는 그에게서 배울 수 있는 세일즈의 비법은 없을까? 그 비밀이 이 책에 숨겨져 있기에 전 세계인들이 반세기가 넘는 오랜 세월 동안 널리 애독하는 책이 된 것 같다.

소셜미디어 때문인지 세월의 흐름 때문인지 지난 20년 동안, 사람들의 표현이 급격히 변하였고, 예전에 서툴게 번역된 부분도 눈에 띄어 다시 번역하고 싶던 차에 새로운 출판사에서 새로운 모양으로 이 책을 개정 출판한다기에 기쁜 마음으로 동참하였다.

다시 번역하면서 꼼꼼히 읽어보니 명저는 또 읽어도 새로운 감동을 준다. 어쩌면 나도 나이가 들어 똑같은 문장이 주는 감동이 다른 탓도 있으리라. 이 책을 처음 접하는 분들은 물론이고, 예전에 읽었던 분들이라도 다시 읽으면서 한 줄 한 줄 곱씹어볼 가치가 있는 책이라 생각된다. 본문에도 나왔듯이 여러 번 읽어서 내게 체화된다면 더 없는 자산이 되리라.

2000년판 역자 후기

이 책의 저자인 오그 만디노Og Mandino는 뛰어난 성인동화 집필가이다. 영적인 신비로움과 진솔한 표현, 그러면서도 치밀한 구성력을 갖춘 그의 작품들은 젊은 세대가 실제 생활에 적용할 수 있는 내용들을 담고 있다.

그는 《세상에서 가장 위대한 상인》, 《세상에서 가장 위대한 기적》, 《세상에서 가장 위대한 성공》, 《세상에서 가장 위대한 비밀》 등, 많은 사람들에게 감동을 준 책들을 남기고 1996년 9월에 작고하였다.

그를 유명하게 만든 이 책(원제: The Greatest Salesman in the World)은 판매의 비법을 일러주면서도 성경의 내용을 바탕으로 하고 있다. 대학에서 마케팅을 가르치고, 교회에서 청년부를 지도해 온 역자로서는 꼭 번역하고 싶었던 책이다. 그렇다고 이 책의 독자를 기독교인이나 판매업 종사자에 한정하는 것은 아니다. 누구나 읽고 생활의 지혜로 삼을 만한 내용이 담겨 있다.

역자가 이 책을 처음 접한 것은 꽤 오래전이다. 그동안 내 생활의 지침으로 삼고 있었던 책인데, 어느덧 자라나 청년이 되어가는 우리 아들들에게 꼭 전해주고 싶어 번역을 시작하였다. 비단 우리 아이들뿐만 아니라 또래의 젊은이들이 성인이 되기 전에 마지막으로 읽는 옛날 이야기로서, 가슴에 새겨두는 교훈으로 삼기를 바라는 마음이다.

DoM 025

어느 날 부의 비밀이 내게로 왔다
위대한 상인의 비밀

초판 1쇄 발행　　2020년 12월 24일
개정판 1쇄 발행　2024년　1월 10일

지은이 오그 만디노
옮긴이 홍성태
펴낸이 최만규
펴낸곳 월요일의꿈
출판등록 제25100-2020-000035호
연락처 010-3061-4655
이메일 dom@mondaydream.co.kr

ISBN 979-11-92044-39-2 03320

'월요일의꿈'은 일상에 지쳐 마음의 여유를 잃은 이들에게 일상의 의미와 희망을 되새기고 싶다는 마음으로 지은 이름입니다. 월요일의꿈의 로고인 '도도한 느림보'는 세상의 속도가 아닌 나만의 속도로 하루하루를 당당하게, 도도하게 살아가는 것도 괜찮다는 뜻을 담았습니다.
"조금 느리면 어떤가요? 나에게 맞는 속도라면, 세상에 작은 행복을 선물하는 방향이라면 그게 일상의 의미이자 행복이 아닐까요?" 이런 마음을 담은 알찬 내용의 원고를 기다리고 있습니다. 기획 의도와 간단한 개요를 연락처와 함께 dom@mondaydream.co.kr로 보내주시기 바랍니다.